资助项目：

- 安徽省教育厅杰出青年科研项目"公司治理对战略性新兴产业新质生产力的影响研究"（2024AH020024）；
- 安徽省中青年教师培养行动学科（专业）带头人培育项目资助（DTR2023053）；
- 滁州学院科研启动基金资助项目（2022qd59）；
- 滁州学院科技创新团队支持计划资助（数字金融与产业创新研究团队）；
- 高校科研计划项目"多维创新驱动安徽城乡高质量融合"科研创新团队（2022AH010069）；
- 安徽省青年骨干教师境内访学研修项目资助（JNFX2023065）；
- 中国博士后科学基金资助项目（2021M690595）；
- 黑龙江省博士后专项经费资助项目（LBH-Z20125）。

油气资源型城市
产学研耦合共生网络稳定性
研究

YOUQI ZIYUANXING CHENGSHI
CHANXUEYAN OUHE GONGSHENG WANGLUO WENDINGXING
YANJIU

朱志红　　薛大维/著

中国财经出版传媒集团

经济科学出版社
Economic Science Press

·北京·

图书在版编目（CIP）数据

油气资源型城市产学研耦合共生网络稳定性研究／
朱志红，薛大维著. -- 北京：经济科学出版社，2024.
11. -- ISBN 978 - 7 - 5218 - 6483 - 0

Ⅰ. F299. 21；G640

中国国家版本馆 CIP 数据核字第 2024TY2080 号

责任编辑：杜　鹏　常家凤
责任校对：王京宁
责任印制：邱　天

油气资源型城市产学研耦合共生网络稳定性研究

YOUQI ZIYUANXING CHENGSHI CHANXUEYAN OUHE GONGSHENG
WANGLUO WENDINGXING YANJIU

朱志红　薛大维/著

经济科学出版社出版、发行　新华书店经销

社址：北京市海淀区阜成路甲 28 号　邮编：100142

编辑部电话：010-88191441　发行部电话：010-88191522

网址：www. esp. com. cn

电子邮箱：esp_bj@ 163. com

天猫网店：经济科学出版社旗舰店

网址：http：//jjkxcbs. tmall. com

固安华明印业有限公司印装

710×1000　16 开　10.5 印张　180000 字

2024 年 11 月第 1 版　2024 年 11 月第 1 次印刷

ISBN 978 - 7 - 5218 - 6483 - 0　定价：88.00 元

（图书出现印装问题，本社负责调换。电话：010 - 88191545）

（版权所有　侵权必究　打击盗版　举报热线：010 - 88191661

QQ：2242791300　营销中心电话：010 - 88191537

电子邮箱：dbts@esp. com. cn）

前　言

　　随着全球经济一体化的加速和科学技术的迅猛发展，能源安全问题日益成为各国关注的焦点。油气资源型城市作为能源供应的重要基地，在维护国家能源安全、促进区域经济发展等方面发挥着举足轻重的作用。然而，面对资源枯竭、环境污染和市场竞争等多重挑战，油气资源型城市的可持续发展面临着巨大压力。因此，如何构建一个稳定、高效的产学研耦合共生网络，推动油气资源型城市的转型升级和可持续发展，成为当前亟待解决的重要课题。

　　产学研耦合共生网络作为一种新型的创新发展模式，强调产业、学术研究和教育之间的深度融合与协同发展。通过产学研之间的紧密合作，可以实现资源共享、优势互补和互利共赢，推动科技创新和人才培养，为城市的可持续发展提供强大动力。在油气资源型城市中，产学研耦合共生网络的建设不仅有助于提升资源利用效率、降低环境污染，还能推动产业结构优化升级、增强城市综合竞争力。

　　然而，油气资源型城市产学研耦合共生网络的稳定性问题一直是制约其发展的关键因素。由于资源型城市的特殊性，其产业结构单一、科技创新能力不强、人才流失严重等问题较为突出，这些因素都可能导致产学研耦合共生网络的稳定性受到威胁。此外，随着国内外市场环境的不断变化和科技创新的快速发展，油气资源型城市面临着日益激烈的竞争压力，这也对产学研耦合共生网络的稳定性提出了更高的要求。

　　在当前背景下，关于油气资源型城市产学研耦合共生网络稳定性的研究面临着诸多挑战和机遇。一方面，随着国家对能源安全和环境保护的重视程度不断提升，油气资源型城市的转型升级和可持续发展成为国

1

家战略的重要组成部分，这为产学研耦合共生网络的建设提供了良好的政策环境和市场机遇。另一方面，随着大数据、人工智能等新一代信息技术的快速发展和应用，为产学研耦合共生网络的稳定性和效率提升提供了新的技术手段和解决方案。

因此，从耦合、共生和网络视角探究油气资源型城市产学研合作的稳定性对提升油气资源型城市产学研协同创新绩效具有必要性和现实性。本书在界定产学研耦合共生网络及稳定性内涵和梳理相关理论的基础上，首先实证探究产学研耦合共生网络稳定性的影响因素；其次设计油气资源型城市产学研耦合共生网络稳定性的实现路径和协调机制；最后实质剖析产学研耦合共生网络稳定性对资源型城市可持续创新能力的影响。通过深入分析网络稳定性的影响因素、实现路径和协调机制，可以为油气资源型城市的可持续发展提供有力的支持。同时，也需要关注新技术、新政策对网络稳定性的影响和挑战，不断推动产学研耦合共生网络的优化和创新发展。

本书分工如下：薛大维撰写第 1、第 2、第 3、第 8 章，朱志红撰写第 4、第 7 章和其余内容。

笔者

2024 年 11 月

目　录

第1章　绪　论 ……………………………………………………… 1

  1.1　研究背景 ……………………………………………………… 1

  1.2　研究对象的选择 ……………………………………………… 2

  1.3　研究目的 ……………………………………………………… 3

  1.4　研究意义 ……………………………………………………… 4

  1.5　国内外研究述评 ……………………………………………… 7

  1.6　研究内容 ……………………………………………………… 22

  1.7　研究方法 ……………………………………………………… 24

第2章　相关概念界定和基础理论 ……………………………… 26

  2.1　相关概念界定 ………………………………………………… 26

  2.2　相关基础理论 ………………………………………………… 36

  2.3　理论分析框架 ………………………………………………… 40

  2.4　本章小结 ……………………………………………………… 41

第3章　产学研耦合共生网络稳定性的演化机理 …………… 43

  3.1　产学研耦合共生网络稳定性形成的主体协同机理 ……… 44

  3.2　产学研耦合共生网络稳定性波动的运作机理　………… 48

  3.3　产学研耦合共生网络稳定性恢复的控制机理　………… 50

  3.4　本章小结 ……………………………………………………… 53

第4章　产学研耦合共生网络稳定性的影响因素 …………… 54

  4.1　产学研耦合共生网络稳定性影响因素的研究假设 ……… 55

4.2 产学研耦合共生网络稳定性影响因素的实证分析 ………… 59

4.3 产学研耦合共生网络稳定性影响因素的研究结论 ………… 63

4.4 产学研耦合共生网络稳定性的提升建议 ……………… 65

4.5 本章小结 …………………………………………… 67

第5章 油气资源型城市产学研耦合共生网络稳定性的实现路径 … **68**

5.1 油气资源型城市产学研耦合共生网络稳定性实现
路径的研究假设 ……………………………………… 68

5.2 实证模型 …………………………………………… 72

5.3 油气资源型城市产学研耦合共生网络稳定性实现
路径的实证分析 ……………………………………… 74

5.4 油气资源型城市产学研耦合共生网络稳定性实现
路径的实证结论 ……………………………………… 78

5.5 油气资源型城市产学研耦合共生网络稳定性实现建议 … 80

5.6 完善油气资源型城市产学研耦合共生网络平台系统 ……… 86

5.7 本章小结 …………………………………………… 88

第6章 油气资源型城市产学研耦合共生网络稳定性的协调机制 … **89**

6.1 协调机制的内涵 …………………………………… 89

6.2 油气资源型城市产学研耦合共生网络稳定性协调
机制的研究假设 ……………………………………… 90

6.3 变量界定和实证模型 ……………………………… 94

6.4 油气资源型城市产学研耦合共生网络稳定性协调
机制的实证分析 ……………………………………… 96

6.5 油气资源型城市产学研耦合共生网络稳定性的
协调机制设计 ………………………………………… 101

6.6 油气资源型城市产学研耦合共生网络稳定性协调
机制的实施建议 ……………………………………… 105

6.7 本章小结 …………………………………………… 110

第 7 章　产学研耦合共生网络稳定性对资源型城市可持续

创新能力的影响 ………………………………………… **112**

7.1　城市可持续创新能力的定义及特性 ………………… 113

7.2　研究假设 …………………………………………… 113

7.3　实证分析 …………………………………………… 120

7.4　产学研耦合共生网络稳定性对资源型城市可持续创新

能力影响结论 …………………………………………… 128

7.5　资源型城市可持续创新能力提升建议 ……………… 130

7.6　本章小结 …………………………………………… 133

第 8 章　结　论 ……………………………………… **134**

参考文献 ……………………………………………… **137**

附录 1　产学研耦合共生网络稳定性影响因素调查问卷 ………… **152**

附录 2　产学研耦合共生网络稳定性实现路径调查问卷 ………… **156**

附录 3　产学研耦合共生网络稳定性协调机制调查问卷 ………… **159**

第1章 绪 论

1.1 研究背景

在全球化与信息化日益加速的今天，能源资源的稳定供应对于一个国家的经济安全、社会稳定和可持续发展具有至关重要的意义。油气资源型城市作为提供我国石油天然气能源物资的主体，其稳定发展不仅关系到国家能源安全，更涉及区域经济的持续增长和社会进步。[①] 因此，对油气资源型城市产学研耦合共生网络的稳定性进行深入研究，具有重大的理论和实践价值。

首先，从国家能源安全的角度来看，油气资源型城市承载着保障国家能源供应的重要使命。随着全球能源市场的不断变化和我国经济的快速发展，对石油天然气的需求日益增加。油气资源型城市作为石油天然气的主要产地，其稳定的生产和供应能力直接关系到国家能源战略的实施。因此，通过产学研耦合共生网络的建设，推动科技创新和产业升级，提高油气资源的开采效率和利用水平，对于保障国家能源安全具有重要意义。

其次，从区域经济发展的角度来看，油气资源型城市的稳定发展对于促进区域经济协调、优化产业结构具有重要作用。然而，传统的油气资源型城市往往过度依赖资源开采，产业结构单一，缺乏持续发展的动

---

① 郭晗，任保平. 经济发展方式转变的路径依赖及其破解路径 [J]. 江苏社会科学，2013（4）：70－75.

力。产学研耦合共生网络的建设，可以推动城市产业结构的多元化和转型升级，培育新的经济增长点，增强城市的综合竞争力。同时，通过产学研合作，可以促进技术创新和人才培养，为城市的经济社会发展提供有力的支撑。

再次，随着全球气候变化的加剧和人们环境保护意识的提高，油气资源开采和利用的环境影响问题日益受到关注。产学研耦合共生网络的建设，可以推动油气资源开采和利用技术的创新，降低环境污染和生态破坏的风险，实现经济、社会和环境的协调发展。

最后，油气资源型城市产学研耦合共生网络的稳定性面临着诸多挑战。一方面，由于油气资源的有限性和不可再生性，城市需要寻求可持续的发展路径，避免陷入资源枯竭的困境。另一方面，随着国内外市场的竞争加剧和科技创新的快速发展，城市需要不断提升自身的创新能力和市场竞争力。[1][2] 此外，产学研合作本身也存在着合作机制不完善、利益分配不均等问题，需要进一步完善和优化。

综上所述，油气资源型城市产学研耦合共生网络稳定性研究具有重要的理论和实践价值。通过对该网络稳定性的深入研究，可以揭示其内在的运行机制和影响因素，为提升网络稳定性和推动城市可持续发展提供理论依据和实践指导。同时，该研究也有助于推动产学研合作的深化和拓展，促进科技创新和人才培养，为我国能源安全和区域经济发展作出积极贡献。

1.2　研究对象的选择

2013 年，我国发布《全国资源型城市可持续发展规划》，第一次对

---

① 付苗，张雷勇，冯锋. 产业技术创新战略联盟组织模式研究——以 TD 产业技术创新战略联盟为例 [J]. 科学学与科学技术管理，2013，34（1）：31 - 38.
② McConnell D P, Cross S E. Realizing the Value of Industry-University Innovation Alliances [J]. Research-Technology Management, 2019, 62（2）：40 - 48.

我国 262 个资源型城市进行界定和分类。油气资源型城市以石油和天然气为主要自然资源，对油气资源进行开采、运输、加工和销售等经济化产业活动，是我国众多资源型城市的重要组成部分。油气资源型城市一般具有以下三个特征。一是城市起源和经济发展的主要推动力是石油和天然气为主的自然资源，且油气资源的开发利用率越高，该城市的工业化水平越高。二是油气资源的开发程度与该城市的城市化发展水平相关。三是油气资源城市所承担的环境压力较大。在石油、天然气的开采加工活动中，所产生的废弃物和污染物处理问题对生态环境和人类生活产生较大威胁。

从国家层面而言，我国油气资源型城市是城镇化和新型工业化的主要城市，它们保障了我国能源资源的健康发展。油气资源型城市在油气资源开发和利用的过程中，一方面为我国工业经济增长提供了油气资源保障，在推动国民经济发展方面发挥了历史性作用；另一方面也导致了自身产业结构单一、对油气资源消耗和依赖增大、环境压力加大、经济效益逐渐递减等问题。油气资源型城市所面临的问题极大地影响了其可持续发展。从耦合、共生和网络的多维视角对产学研耦合共生网络稳定性的研究有助于促进产学研的深度融合，而产学研的深度融合又有助于提升油气资源型城市的创新能力和实现可持续发展的愿景目标。因此，加强油气资源型城市产学研耦合共生网络稳定性研究对于促进油气资源型城市可持续发展具有必要性和现实性。

1.3　研究目的

党的十八大以来，党中央多次强调创新驱动发展的重要性。对油气资源型城市而言，要破解当前发展的困局实现可持续发展，需要科技创新、产业创新和制度创新的共同指引和助力。油气资源型城市产学研耦合共生网络稳定性研究的目的，主要在于深入探讨和分析这些城市中产学研合作的稳定性和可持续性。通过这一研究，可以深入理解产学研合作在油气资源型城市中的运作机制，以及各主体之间如何相互依赖、相互促进，形成稳定且高效的合作网络。本书为油气资源型城市的产学研合作提供理论支持和实践指导，促进产学研合作的深入发展，推动科技创新和产业升级，进而为油气资源型城市的可持续发展作出贡献。

1.4　研究意义

1.4.1　理论意义

油气资源型城市产学研耦合共生网络稳定性研究的理论意义在于丰富和完善产学研合作理论体系、深化共生理论在产学研合作领域的应用、拓展网络科学在产学研合作领域的应用范围以及为资源型城市转型发展提供理论支持。这些理论意义的实现有助于推动产学研合作的深入发展，促进科技创新和产业升级，为油气资源型城市的可持续发展提供理论保障。

1.4.1.1　丰富和完善产学研合作理论体系

产学研合作作为推动科技创新和产业升级的重要途径，一直备受关注。然而，对于油气资源型城市这一特殊类型的城市来说，其产学研合作的模式和特点与其他城市可能存在差异。因此，针对油气资源型城市开展产学研耦合共生网络稳定性研究，有助于深入剖析其产学研合作的内在机制和规律，从而丰富和完善产学研合作的理论体系。通过这一研究，可以更加全面地理解产学研合作在油气资源型城市中的运作方式和影响因素，为制定更加科学合理的产学研合作策略提供理论支持。

1.4.1.2　深化共生理论在产学研合作领域的应用

共生理论是一种研究不同主体之间相互依赖、相互促进关系的理论框架。在产学研合作中，政府、企业、高校和研究机构等各方主体之间形成了复杂的共生关系。通过运用共生理论对油气资源型城市产学研耦合共生网络进行研究，可以更加深入地揭示这些主体之间的相互作用和共生机制。这不仅有助于深化我们对共生理论的理解和应用，还可以为产学研合作提供新的理论视角和分析工具。

1.4.1.3 拓展网络科学在产学研合作领域的应用范围

网络科学是一种研究复杂网络结构和动力学特性的跨学科领域。在产学研合作中，各方主体之间形成了复杂的网络关系，这些关系对于合作的稳定性和效率具有重要影响。通过运用网络科学的方法和工具对油气资源型城市产学研耦合共生网络进行研究，可以更加精确地描述和分析网络的拓扑结构、节点属性和动态演化过程。这不仅可以为产学研合作的稳定性研究提供新的方法和思路，还可以拓展网络科学在产学研合作领域的应用范围。

1.4.1.4 为资源型城市转型发展提供理论支持

油气资源型城市在经济发展过程中面临着诸多挑战，如资源枯竭、环境污染、经济波动等。产学研合作作为推动城市转型发展的重要途径之一，其稳定性和可持续性对于城市的未来发展具有重要意义。通过对油气资源型城市产学研耦合共生网络稳定性进行研究，可以揭示产学研合作在资源型城市转型过程中的作用机制和影响因素，为制定更加科学合理的转型发展战略提供理论支持。

1.4.2 实践意义

油气资源型城市产学研耦合共生网络稳定性研究的实践意义在于指导产学研合作实践、促进资源型城市经济转型升级、增强产学研合作的稳定性、为政策制定提供科学依据，以及推动产学研合作模式的创新。这些实践意义的实现将有助于推动产学研合作的深入发展，促进科技创新和产业升级，为油气资源型城市的可持续发展提供实践支持。

1.4.2.1 指导产学研合作实践，提升合作效果

通过研究油气资源型城市产学研耦合共生网络的稳定性，可以深入理解各主体在合作过程中的角色、定位以及相互之间的关系。这有助于指导产学研合作实践，使各方主体能够更加明确自己的职责和任务，形

成更加紧密和高效的合作关系。通过优化合作机制、提高合作效率，可以进一步提升产学研合作的效果，推动科技创新和产业升级。

1.4.2.2 促进油气资源型城市经济转型升级

油气资源型城市往往过度依赖资源的开采和加工，随着资源的逐渐枯竭和市场竞争的加剧，这些城市急需进行经济转型升级。产学研合作作为推动城市经济转型升级的重要途径，通过促进科技创新和产业升级，可以为城市带来新的经济增长点和竞争优势。研究产学研耦合共生网络的稳定性，可以为城市制定更加科学合理的经济转型升级策略提供实践指导。

1.4.2.3 增强产学研合作的稳定性，降低风险

产学研合作涉及政府、企业、高校和研究机构等多个主体，不同主体之间可能存在利益冲突和合作障碍。通过研究产学研耦合共生网络的稳定性，可以揭示合作中可能存在的风险和问题，并提出相应的解决策略。这有助于增强产学研合作的稳定性，降低合作风险，确保合作的顺利进行。

1.4.2.4 为政策制定提供科学依据

政府在推动产学研合作中发挥着重要作用，制定科学合理的政策对于促进产学研合作的深入发展具有重要意义。通过研究油气资源型城市产学研耦合共生网络的稳定性，可以为政府制定相关政策提供科学依据。政府可以根据研究结果，制定更加符合城市实际情况和需求的产学研合作政策，推动产学研合作的深入发展。

1.4.2.5 推动产学研合作模式的创新

通过对产学研耦合共生网络稳定性的研究，可以探索出更加适合油气资源型城市的产学研合作模式。这些模式可能包括更加紧密的产学研合作关系、更加高效的资源共享机制、更加灵活的成果转化途径等。这些创新模式的实践应用，不仅可以推动油气资源型城市产学研合作的深入发展，而且可以为其他类型的城市提供有益的借鉴和参考。

1.5 国内外研究述评

1.5.1 国外研究综述

基于国外学者关于产学研合作的相关研究文献的梳理，我们可以发现，国外最早关注产学研合作的学者是美国学者林肯（Lincoln），他在20世纪60年代首次系统剖析企业与学研机构跨组织合作模式。国外学者经过30年的持续研究，在20世纪90年代提出了富有时代特点的产学研合作的创新理论，如区域创新系统理论、国家创新系统理论和三螺旋创新理论等。① 这些产学合作的创新理论很好地诠释了在知识经济时代创新活动的复杂性。特别值得关注的是，1995年埃兹科维兹（Etzkowitz）和莱德斯多夫（Leydesdorff）首创的三螺旋创新理论。该理论颠覆了早期学者们认可的线性创新模型，从三螺旋视角重新审视官产学研的内在关系，构建了"政府—产业—学研机构"三螺旋模型，并提出官产学研合作具有非线性和互动性。② 三螺旋创新理论为产学研合作的理论研究开启了新的方向。国外学者对产学研合作的研究主要集中在产学研耦合关系、共生关系、合作网络和共生网络等方面。

1.5.1.1 产学研耦合关系的相关研究

通过文献梳理我们发现，国外学者对产学研合作主体耦合关系的直接研究很少。但产学研耦合关系主要表现为科研院所或高校和企业间的兼容和互补关系，因此，接下来我们主要对产学研合作主体的兼容、互补、依赖和匹配关系进行文献梳理。

魏克（Weick）将松散耦合理论应用于经济社会问题的研究，尝试

---

① 吴钊阳. 资源配置视角下协同创新网络与企业成长的关系研究［D］. 成都：电子科技大学，2020.

② 张明. 产学研战略联盟发展现状与对策研究［J］. 科技管理研究，2010，30（16）：116－119.

解释研究对象相互联系又保持独立性的特殊关系，这为产学研合作关系提供了耦合关系视角。① 科恩和莱文塔尔（Cohen and Levinthal）认为，为了提升产学研合作的创新效率，产学研合作的参与主体通过优势互补，且所有参与产学研合作的主体不能存在过大的知识基础距离，才能保证很好地吸收和消化新知识。② 产学研合作中有两类关键知识：技术知识和原理性知识。当产学研合作的参与主体在技术知识和原理性知识方面具备良好的兼容性，就能轻松吸收和获取新知识，进而有助于研发创新；相反，当产学研合作的参与主体不具备技术知识和原理性知识的兼容性，在激烈的市场竞争背景下，会增加其研发创新的难度。布罗克霍夫（Brockhoff）认为，德国企业参与产学研合作的主要原因在于其可能从互补性技术交换中提升创新绩效。③ 实证研究结果表明，产学研合作参与主体在技术重叠方面存在最佳值，潜在利益和合作能力均受最佳值的影响。即技术差距越小导致创新动力越小，技术差距越大导致技术吸收和消化能力越差。简而言之，产学研合作参与主体的技术融合和互补与协同创新的相关性不是线性关系，而是倒"U"形曲线关系。崎原（Sakakibara）从获取差异性技术的视角，剖析日本企业加入获得政府补助的研发联盟的目的，提出在产学研合作关系中，企业对获得互补知识和分享差异性技术的意愿越强，越愿意参与产学研合作组织。④ 埃兹科维兹（Etzkowitz）尝试从螺旋结构视角剖析产学研合作关系。⑤ 伦纳德和巴顿（Leonard and Barton）提出产学研耦合关系体现在四个方面：知

① Weick K E. Educational organizations as loosely coupled systems [J]. Administrative Science Quarterly, 1976, 21 (1): 1-19.

② Cohen W M, Levinthal D A. Absorptive capacity: A new perspective on learning and innovation [J]. Administrative Science Quarterly, 1990, 35 (1): 128-152.

③ Brockhoff K. Cooperation between firms: A strategy for technological innovation [J]. In Research policy, 1991, 20 (6): 477-491.

④ Sakakibara M. Heterogeneity of firm capabilities and cooperative research and development: An empirical examination of motives [J]. Strategic Management Journal, 1997, 18 (5): 371-394.

⑤ Etzkowitz H, Leydesdorff L. The dynamics of innovation: from National Systems and "Mode 2" to a Triple Helix of university-industry-government relations [J]. Research Policy, 2000, 29 (2): 109-123.

识基础、物理系统、文化价值和管理系统。内斯塔和萨维奥蒂（Nesta and Saviotti，2005）提出，产学研合作参与主体知识基础的连贯性和完整性与产学研创新能力正相关，[①] 原因在于具有连贯性和完整性知识基础的产学研合作参与主体能更好地分享和吸收互补的技术知识和研发能力。安东尼奥（Antonio）发现，产学研合作参与主体的技术融合和互补必须建立在共享的知识库和技术经验的基础上。技术融合和互补既包括在创新服务和创新产品时应用的设备和工具，也包括知识和技术。

1.5.1.2 产学研共生关系的相关研究

产学研合作主体间存在特定关系。这种特定关系可能体现为点对点的关系，也可能体现为网络关系。国外学者们对产学研合作关系的描述没有形成统一的观点。德国生物学家安东·德巴里（Anton de Bary）在 1879 年最早基于生物学理论界定了共生的内涵，提出共生指的是不同类型的生物在一起生存的过程中形成的互补且稳定的关系。共生既是自然界的常见现象，也普遍存在于人类社会中。共生理论内涵丰富，是一种具有实用价值的方法论，能从仿生学视角求解社会和经济中的现实问题。希斯里希（Hisrich，1998）首次探究产学研共生关系，提出因为大学和企业存在创新技术和创新知识的转移，所以大学和企业基于技术和知识的转移形成共生的关系。[②] 尤蒂（Youtie，2008）提出，企业与大学或企业之间的共生关系对依赖技术的经济发展区域有着重大的影响。[③] 米拉塔（Mirata）以瑞典产学研合作项目为研究对象，探究共生活动对产学研创新绩效的影响机理。尤蒂（Youtie）实证研究佐治亚理工学院和周边环境的相关性，提出产学研合作主体在产学研合作过程中

---

① Nesta L，Saviotti P P. Coherence of the knowledge base and the firm's innovative performance：Evidence from the U. S. pharmaceutical industry［J］. Journal of Industrial Economics，2005，53（1）：123 – 142.

② Hisrich R D. Entrepreneurship/Innovation and Small Business［M］. McGraw-Hill/Irwin，1998.

③ Youtie J，Shapira P. Building an innovation hub：A case study of the transformation of university roles in regional technological and economic development［J］. Research Policy，2008，37（8）：1188 – 1204.

体现出共生的态势，并且这种共生的态势有助于促进区域经济发展。

1.5.1.3 产学研合作网络的相关研究

产学研合作网络的概念源于工业网络和创新网络的融合研究。库克（Cooke）较早探究了创新网络的内涵，提出知识转移和技术转移直接影响创新网络的形成和发展。[①] 尽管产学研合作网络与创新网络具有相似性，但产学研合作网络关注的重点在于产学研合作参与主体及内在关系。埃兹科维兹（Etzkowitz）较早对产学研合作网络进行了阐释，他认为，产学网络与产学研网络的基本内涵具有一致性。[②] 绍伊科娃（Shoikova）提出，产学研合作网络形成的技术基础是计算机信息技术，产学研合作主体的互补性是产学研合作网络形成的根本原因。埃莉萨 – 维拉尼（Elisa Villani）运用邻近性构架理论阐释产学研合作网络形成过程中的中介组织的中介原理。[③] 艾辛格里查（Eisingericha）基于实证研究结果提出，网络强度和开放度正向影响产学研合作网络的创新效率。[④] 万考特伦（Vancauteren）实证研究荷兰食品加工产业的产学研合作网络绩效发现，研发强度和员工技能与区域内产学研合作网络绩效正相关。[⑤]

1.5.1.4 产学研共生网络的相关研究

在产学研合作的理论研究过程中，人们融合运用共生理论和网络理

① Cooke P. Regional innovation systems: Competitive regulation in the new Europe [J]. Geoforum, 1996, 27 (3): 365 – 382.

② Etzkowitz H, Leydesdorff L. The Dynamics of Innovation: From National Systems and "Mode 2" to a Triple Helix of University-Industry-Government Relations [J]. Research Policy, 2000, 29 (2): 109 – 123.

③ Villani E. Mediating principles in industry-university-research collaboration networks: An exploration using proximity frameworks [J]. Journal of Innovation and Knowledge Management, 2017, 23 (6): 159 – 172.

④ Eisingericha A B. The impact of network strength and openness on innovation efficiency in industry-university-research collaboration networks: An empirical study [J]. Journal of Technology Transfer and Innovation, 2019, 24 (5): 243 – 269.

⑤ Vancauteren M. The performance of industry-university-research collaboration networks in the Dutch food processing industry: An empirical study on the relationship between R&D intensity, workforce skills, and network performance [J]. Journal of Food Industry Research and Development, 2021, 18 (6): 325 – 341.

论，形成了产学研共生网络。产学研共生主体能通过产学研共生网络获得更多的共生能量，进而提升产学研协同创新效率。此外，产学研共生网络还能为产学研共生主体提供高质量的信息传递和物质交流。国外学者主要对工业共生网络和产业共生网络进行系统研究，具体包括共生网络的动力、稳定性、运行机制和效率评价。

　　提布斯和洛（Tibbs and Lowe）是国外最早开始研究工业共生的学者，他们在 1993 年界定了工业共生的概念。① 沃尔纳（Wallner）等在 1999 年提出，网络是研究复杂工业系统的实用工具，它可以从经济学和生态学的综合视角求解复杂工业系统的难点问题。② 未来产业的发展会朝着产学研共生网络的方向进化。马朱姆达尔（Majumdar）提出，生态工业园产业共生网络稳定性的影响因素包括 6 个：制度、法律、经济、技术、组织和信息。③ 这 6 个因素也会影响生态工业园产业共生网络效率。巴斯（Baas）通过总结鹿特丹港工业园区工业共生的实践经验，提出工业共生网络成功的因素包括共生网络兼容能力、兼容特征和改进能力。④ 切尔托（Chertow）认为，工业共生或产业共生取得成功的主要原因在于共生主体地理位置的临近和要素的集聚，但同时也可能出现环境的负外部性。⑤ 因此，他认为有必要概念化产业共生和集聚经济的关系，并以波多黎各四工业区为研究对象，提出如何在提高共生效率和生产效率的同时，减低环境的负外部性。多梅内克（Domenech）构建了一套多阶段的分析框架，针对产学研共生网络的不同阶段给出有针

　　① Tibbs H L C, Lowe E A. Industrial symbiosis: A conceptualframework for the development of sustainable industrial networks [J]. Journal of Industrial Ecology, 1993, 1 (1): 13 – 27.

　　② Wallner H P. Networks as a practical tool for studying complex industrial systems: An integrated economic and ecological perspective [J]. Journal of Industrial Ecology, 1999, 3 (2): 99 – 113.

　　③ Majumdar S K. Factors influencing the stability and efficiency of industrial symbiosis networks in eco-industrial parks [J]. Journal of Cleaner Production, 2001, 9 (6): 531 – 538.

　　④ Baas L W. The practice and success factors of industrial symbiosis in the Rotterdam Port Industrial Complex [J]. Journal of Industrial Ecology, 2008, 12 (5), 707 – 720.

　　⑤ Chertow M R. Industrial symbiosis and the geography of ecological industrial development: A case study of four industrial parks in Puerto Rico [J]. Journal of Industrial Ecology, 2008, 12 (5), 669 – 687.

对性的优化策略。[①] 乔普拉（Chopra）认为，设计产学研共生网络的关键在于降低冗余性和提供部门多样性，这两个因素有助于提升产学研共生网络的弹性。[②] 米拉塔（Mirata）提出，共生网络可以使产学研共生主体基于要素禀赋的互补，充分利用其他共生主体的资源优势，提升产学研合作的创新绩效，并实现区域经济、环境和社会效益的共赢。[③]

1.5.2　国内研究综述

1.5.2.1　基于 CSSCI 期刊论文的产学研文献计量分析

截至 2024 年 3 月，在中国知网以"题名 = 产学研"为检索条件，检索出 2109 篇与产学研相关的 CSSCI 期刊论文。第一篇产学研文献发表于 1998 年。

（1）总体趋势分析

截至 2024 年 3 月，产学研主题的 CSSCI 期刊论文文献发文年度趋势如图 1 - 1 所示。

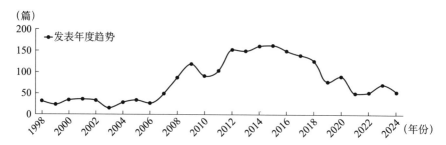

图 1 - 1　截至 2024 年 3 月产学研主题的 CSSCI 期刊论文文献发文年度趋势
资料来源：中国知网。

---

①　Domenech T. A multi-stage analysis framework for optimizing university-industry-research symbiosis networks ［J］. Technovation，2011，31（5）：225 - 238.

②　Chopra S. Designing resilient university-industry-research symbiosis networks：The role of redundancy reduction and sector diversity ［J］. Journal of Engineering and Technology Management，2014，31（4）：456 - 472.

③　Mirata M. Symbiosis networks for enhancing innovation performance in university-industry-research collaborations：Leveraging resource complementarities for regional economic，environmental，and social benefits ［J］. Journal of Cleaner Production，2015，108（Part A）：292 - 303.

由图 1-1 可知，1998~2006 年产学研的相关研究属于萌芽期，每年发文都在 50 篇以内；2007~2009 年产学研相关研究属于高速发展期，发文量从 50 增加至 140 篇；2010~2018 年产学研相关研究属于成熟期，每年发文大致在 100~170 篇；2019 年至今，每年发文大致在 100 篇以下。

（2）主题分布分析

截至 2024 年 3 月，与产学研相关的 CSSCI 期刊论文的主题分布如图 1-2 所示。

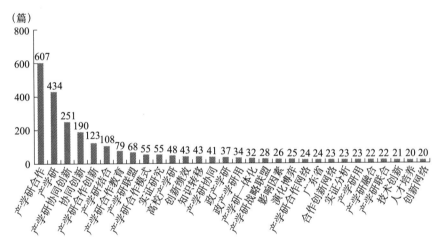

图 1-2　截至 2024 年 3 月与产学研相关的 CSSCI 期刊论文的主题分布

资料来源：中国知网。

由图 1-2 可知，在 CSSCI 期刊论文中排名前十的产学研研究主题分别是：产学研合作、产学研、产学研协同创新、协同创新、产学研合作创新、产学研结合、产学研合作教育、产学研联盟、产学研合作模式、实证研究。产学研合作网络的主题排在第 21 位，可见，学者们开始关注产学研合作网络的研究。

（3）学科分布分析

截至 2024 年 3 月，与产学研相关的 CSSCI 期刊论文的学科分布如图 1-3 所示。

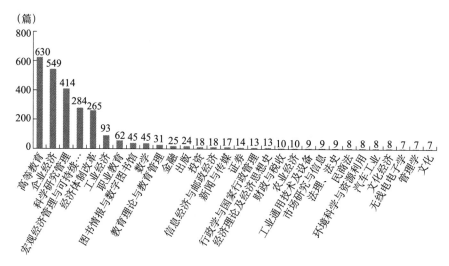

图 1-3 截至 2024 年 3 月与产学研相关的 CSSCI 期刊论文的学科分布

资料来源：中国知网。

由图 1-3 可知，截至 2024 年 3 月，与产学研相关的 CSSCI 期刊论文的前十大学科分别是：高等教育、企业经济、科学研究管理、宏观经济管理与可持续发展、经济体制改革、工业经济、职业教育、图书情报与数字图书馆、数学、教育理论与教育管理。中国学者从不同学科视角对产学研展开深入研究，丰富了产学研理论研究。

1.5.2.2 国内产学研研究的文献梳理

（1）产学研合作内涵的相关研究

从我国 1992 年开始实施产学研联合开发工程后，产学研合作极大地推动了我国的技术创新活动，进而促进了经济水平的提升，也助力我国创新型国家的持续推进。[①] 但在产学研合作活动的开展过程中出现了阻碍产学研深入合作的困境，如不稳定的合作关系、创新资源配置不均衡等。因此，为了提高产学研合作与经济社会发展水平的协同度，有必要从提升产学研合作稳定性的视角化解产学研合作的困境。

---

① 张明.产学研战略联盟发展现状与对策研究［J］.科技管理研究，2010，30（16）：116-119.

虽然产学研合作对我国经济和社会发展的作用日益增强，但随着产学研合作的不断深入，产学研合作形式也在变化。回顾我国产学研合作的实践可以发现，初期的产学研合作主体数量不多，常见的合作模式是点对点模式，大部分合作常常是一次性的，不具备延续性。经过几十年的产学研合作实践，现在的产学研合作主体数量持续增加，一个产学研合作主体可能同时与数十家合作主体形成产学研合作关系，产学研合作关系逐渐演变为网络形式。在网络式产学研合作关系中，合作形式和内容都发生了重大变化，产学研合作还体现出耦合性和共生性，使得产学研合作关系的内涵愈加丰富。因此，传统的点对点式产学研合作关系的理论体系无法解释目前网络式产学研合作关系。网络式产学研合作关系需要新的理论体系来支撑和指引。李成龙提出，兼容关系是产学研合作的本质关系，知识基础、物理系统、文化价值和管理系统相互作用，共同决定了产学研合作的深度和广度。[①] 赵京波认为，产学研合作的发生源于市场需求，体现的关系是利益共享、优势互补和风险共担的合作关系。[②] 韩馥冰提出，产学研合作的创新主体包括企业、高校、科研机构、政府和中介机构，他们基于信息、知识的共享和创新，构建产学研合作联盟，进而实现他们共同的发展战略和目标。[③]

（2）产学研耦合关系的相关研究

国内学者对产学研的耦合关系进行了各种分析和评价。李成龙构建涵盖知识基础、物理系统、文化价值和管理系统四个维度的产学研耦合关系指标体系并进行实证评价。[④] 刘克寅提出，产学研耦合关系体现在以下三个维度：异质性能力兼容、异质性资源互补匹配、异质性行为契

① 李成龙，秦泽峰. 产学研合作组织耦合互动对创新绩效影响的研究［J］. 科学管理研究，2011（2）：100 - 103.
② 赵京波. 我国产学研合作的经济绩效研究与模式、机制分析［D］. 吉林：吉林大学，2012.
③ 韩馥冰. 产学研合作创新主体及其角色定位研究［J］. 科技进步与对策，2013，30（12）：15 - 18.
④ 李成龙. 产学研耦合关系指标体系构建及实证评价研究［J］. 科研管理，2011，32（4）：104 - 110.

合。杜英等提出了产学研合作的"S"态耦合理论，并设计了产学研耦合内聚模式。① 在产学研协同创新过程中，当参与主体的创新系统反映出不稳定性时，可以通过耦合内聚实现创新系统的突变，使得参与主体更好地实现技术或服务的创新。张省等基于实证研究结果，提出产学研耦合关系实现供需匹配的三个维度，即能力、资源和意愿。② 产学研合作耦合关系可以度量产学研合作参与主体创新系统的兼容和互补关系，即协同和契合程度。基于产学研耦合关系的国内文献梳理可以发现，尝试将耦合和共生进行融合研究是产学研耦合关系的未来研究方向。

（3）产学研共生关系的相关研究

国内学者窦世平在 2001 年较早开始涉及产学研共生的研究。窦世平认为，企业与高校的合作模式属于"高校创办企业，企业反哺高校"。他的观点虽然没有直接提出企业和高校的共生关系，但反映的是具有"衍生"特征的共生关系。司尚奇认为，在产学研合作过程中，企业与研究机构存在共生关系，企业和研究机构属于共生单元。司尚奇的研究结论具有科学性，对产学研共生的理论可行性进行了充分论证，并界定了产学研共生的基本概念且构建了产学研共生的基本框架。刘洋等认为，共生模式是产学研合作发展的必然选择，为了提升我国产学研合作的创新效率，有必要从学术上对产学研共生模型进行概念化界定。③ 刘建生提出产学研共生存在多种模式，且各种产学研共生模式各有优劣势，在采用共生理论求解产学研合作关系问题时，应针对产学研共生主体的特点和实际情况确定适合的产学研共生模式。④ 施海燕等提出，产学研合作主体关系的必然趋势是优势互补和协同共生，从共生理

① 杜英，陈志军，朱庆华. 产学研合作的"S"态耦合理论及耦合内聚模式研究 [J]. 科研管理，2016，37（S1）：123 – 130.

② 张省，黄卓，王磊. 产学研耦合关系中的供需匹配维度研究 [J]. 科技进步与对策，2017，34（20）：1 – 7.

③ 刘洋，丁云龙. 论产学研合作模式的进化——一个共生进化视角的透视 [J]. 北京理工大学学报（社会科学版），2011（1）：43 – 49.

④ 刘建生. 产学研合作模式再探讨——基于共生理论的视角 [J]. 北京交通大学学报（社会科学版），2012（1）：102 – 106.

论视角探究产学研合作问题是未来的方向之一，建议构建基于政府引导的产学研共生模式。① 张雷勇等在实证研究的基础上，确认共生关系是产学研合作的理性选择。② 在产学研共生模式下：一方面，高校或科研院所获得企业提供的研发经费；另一方面，高校或科研院所在科研经费的支持下为企业提供需要的新技术，助力企业产业升级或推出新产品或新服务，并提升理论的应用价值。因此，产学研共生关系的优势在于通过优势互补提供共生能量，并通过能量的重新分配实现产学研共生主体的互惠多赢。张雷勇提出共生关系适用于阐述产学研主体之间的协同关系，并有助于提升产学研协同创新的水平和层次。③ 冯锋等基于共生相关理论，采用质参量兼容模型，从稳定性、权重性和方向性等维度解释产学研共生现象，并构建了具有有向加权特征的产学研共生网络。④ 付苗等提出共生理论对产学研联盟的创新实践具有很强的指导性。国内学者们从不同视角对共生模式在产学研合作关系中的运用进行了系统研究，一致认为在产学研合作的创新实践中运用共生理论具有科学性和引导性。

（4）产学研合作网络的相关研究

我国学者从不同视角探究产学研合作网络的相关理论，并取得了丰硕的成果。黄胜杰等阐释了产学研合作的网络特征，提出多节点网络化模式是产学研合作模式的发展趋势。⑤ 朱桂龙等在整合产学研合作和创新网络概念的基础上，系统探究了产学研合作网络的内涵、优势和特点。蔡文娟等探究了社会资本的三个维度对产学研合作网络的影响机

---

① 施海燕，柴珺芳，孙国君等. 政府引导下的产学研合作共生机理［J］. 经营与管理，2012（9）：131－133.

② 张雷勇，冯锋，肖相泽. 共生网络视角下的产学研合作［J］. 中国高校科技，2012（7）：22－23

③ 张雷勇，冯锋，肖相泽. 产学研共生网络：概念，体系与方法论指向［J］. 研究与发展管理，2013，25（1）：59－65.

④ 冯锋，肖相泽，张雷勇. 产学研合作共生现象分类与网络构建研究——基于质参量兼容的扩展 Logistic 模型［J］. 科学学与科学技术管理，2013，34（2）：3－11.

⑤ 黄胜杰，张毅. 产学研合作模式的网络化趋势及其发展对策［J］. 科技管理研究，2002（5）：39－41.

理，并以此为基础构建产学研合作网络的连接机制。① 张雷勇（2014）融合了网络理论和共生理论探究产学研共生网络的内涵，构建两阶段链的产学研共生网络效率的评价体系，并进行案例分析。② 盛永祥等基于纳什均衡博弈理论剖析产学研合作网络的拓扑结构，发现其拓扑结构具有有效性和均衡性。③ 张艺、孟飞荣和朱桂龙运用层次回归法和社会网络分析法实证探究海洋生物医药产业产学研合作网络的演化历程、特征和影响。④ 孙玉涛和张一帆基于2001～2008年北京专利数据和随机效应面板模型，实证探究在产学研合作网络的动态演化过程中知识异质性、体制异质性和复合异质性的作用机理。刘窈君和杨艳萍基于1985～2019年我国粮食产业产学研合作专利数据，运用社会网络分析法，探究我国粮食产业产学研合作网络主体特征和整体结构的动态演化过程。⑤ 郭颖、段炜钰、孟婧和王明星采用中国科学院科技成果转化专利数据为研究样本，在运用社会网络分析法构建中国科学院产学研合作网络的基础上，实证探究中国科学院产学研合作网络特征与科技成果转化绩效的关系。

（5）共生网络的相关研究

国内学者对共生网络的研究内容主要包括共生网络构建、运行、稳定性、效率评价等。

第一，共生网络构建与运行的文献梳理。

我国学者王兆华较早探究工业共生网络的相关理论，其在工业共生网络的研究过程中综合运用了交易费用理论、生态学理论、博弈论理论

---

① 蔡文娟，陈莉平．社会资本视角下产学研协同创新网络的联接机制及效应［J］．科技管理研究，2007（1）：172－175．

② 张雷勇．产学研共生网络效率测度模型的构建和分析：来自我国省域数据的实证［J］．西北工业大学学报（社会科学版），2014，34（4）：56－61．

③ 盛永祥，黄小芳，吴洁．产学研合作网络均衡性与有效性问题研究［J］．科技进步与对策，2013，30（11）：25－28．

④ 张艺，孟飞荣，朱桂龙．海洋战略性新兴产业的产学研合作网络：特征、演化和影响［J］．技术经济，2019，38（2）：40－51．

⑤ 刘窈君，杨艳萍．中国粮食产业产学研合作网络的结构特征与动态演化［J］．华中农业大学学报（社会科学版），2022，（4）：62－75．

和网络理论，从动力和结构视角对工业共生网络进行系统研究。[①] 袁增伟等构建产业共生网络运行成本模型，发现责任履行成本正向影响产业共生网络绩效。[②] 刘建宇从交易成本经济学视角，采用修正的威廉姆森启发模型剖析产业共生关系条件，提出产业共生网络形成的前提是最小化共生网络运营成本和治理成本，且产业共生网络的共生关系平等互利的影响因素包括风险、合作伙伴、技术、收益、政策支持和法律。温威从交易费用理论、外部环境理论、成本理论和经济效益理论四个维度探究产业生态网络研究模型，拓宽了产业共生网络的研究视角。李建建等以鲁北产业园工业共生网络为研究对象，采用利益相关者博弈理论进行分析，提出工业共生网络的运转不是一成不变的，而是一个从平等互利到协同共生再到平等互利的全过程循环。张雷勇提出共生关系和网络关系适用于产学研的合作关系，在界定产学研共生网络概念的基础上提出网络方法和共生方法是改进产学研共生网络的有效路径。[③] 王治莹等从超网络视角对产学研网络的共生耦合过程进行量化研究。[④] 张雷勇、冯锋、肖相泽、马雷和付苗从共生和网络视角探究产学研共生网络的概念、特性和运行机理，并对产学研共生网络的"双轮驱动"培育机制进行优化研究。王玉冬等提出产学研金共生网络包括共生环境、共生单元和共生模式三个共生要素。尽管国内学者对产学研共生网络的研究体现了"共生"的关键词，但对共生理论和方法的融合研究还有待深入。[⑤]

第二，共生网络稳定性的文献梳理。

较早对产业共生网络稳定性进行研究的国内学者是高伟，其综合运

---

① 王兆华，尹建华. 生态工业园中工业共生网络运作模式研究 [J]. 中国软科学，2005 (2)：80 - 85.

② 袁增伟，毕军. 生态产业共生网络运营成本及其优化模型开发研究 [J]. 系统工程理论与实践，2006 (7)：92 - 97 + 123.

③ 张雷勇，冯锋，肖相泽等. 产学研共生网络：概念、体系与方法论指向 [J]. 研究与发展管理，2013，25 (2)：37 - 44.

④ 王治莹，李春发. 超网络视角下生态工业共生网络稳定性研究 [J]. 大连理工大学学报 (社会科学版)，2013，34 (1)：14 - 18.

⑤ 王玉冬，陈一平，王雪原. 产学研金合作共生要素对企业创新绩效的影响 [J]. 科技管理研究，2018 (20)：9 - 14.

用系统理论、生态学理论和博弈理论等多种理论对自主实体产业共生模式和复合实体产业共生模式进行系统剖析，并基于三维理论视角构建产业共生网络稳定性的影响因素三维模型。[①] 朱睿也运用定性分析法探究影响产业共生网络稳定性的因素，发现产业共生网络稳定性的影响因素包括共生策略、共生模式和社会资本。[②] 张萌等应用生物增长模型求解共生网络的稳定性和增长，得出不同共生网络的稳定点和平衡点。[③] 陈雪梅等综合使用系统分析法和表现分析法，剖析出影响共生网络风险和稳定性的因素，并设计基于政府层面的共生网络治理机制。[④] 李小鹏等基于生态工业理论和灰色关联分析理论，构建产业共生网络稳定性的评价指标体系和模型，从而实现对产业共生网络稳定性进行实证评价。此外，还基于实证评价结果提出具有针对性的共生网络稳定性提升策略。[⑤] 缪小清基于共生主体和共生模式剖析工业共生网络稳定性特征，提出实现共生网络稳定性的路径包括增加网络质参量差异、建立信任机制和强化文化协同。[⑥] 赖家福从耗散理论视角构建产业共生网络稳定性模型，并提出共生网络具备耗散结构特征，从经济效益、共生博弈、熵和环境效益等维度剖析共生网络稳定性的影响因素。[⑦] 黄训江等以贵糖集团为研究对象，基于复杂网络理论构建产业共生网络演化模型，提出产业共生网络与小世界网络和无标度网络具有相似的网络特征，且精心设计的产业共生网络在网络发展初期就体现出高稳定性。王治莹等提出，基于超网络视角的工业共生网络稳定性研究可以实现对共生耦合过

---

① 高伟. 产业生态网络两种典型共生模式的稳定性研究 [D]. 大连：大连理工大学，2006.

② 朱睿. 生态工业园工业共生网络稳定性研究 [D]. 阜新：辽宁工程技术大学，2007.

③ 张萌，姜振寰，胡军. 工业共生网络运作模式及稳定性分析 [J]. 中国工业经济，2008 (6)：77 – 85.

④ 陈雪梅，缪小清. 生态工业园工业共生网络稳定性与政府治理机制 [J]. 特区经济，2009 (7)：213 –215.

⑤ 李小鹏，赵涛，王晓. 基于灰色关联分析的产业共生网络稳定性评价研究 [J]. 中国软科学，2010 (S1)：302 – 307.

⑥ 缪小清. 生态工业园工业共生网络系统稳定性研究 [D]. 广州：暨南大学，2010.

⑦ 赖加福. 基于耗散结构理论的产业共生网络稳定性研究 [D]. 广州：暨南大学，2011.

程的量化处理，并以鲁北生态工业园为实证研究对象，发现超网络模型适用于工业共生网络稳定性治理。[①] 曹霞和于娟基于话语分析法，理论分析产学研合作联盟稳定性的作用路径，并基于实证研究结果指出产学研合作联盟伙伴特征与产学研联盟稳定性正相关。[②]

第三，共生网络效率和评价的文献梳理。

随着国内学者对共生网络机理、分类和稳定性的相关研究成果的不断丰富，共生网络效率和评价成为国内学者对共生网络研究的新方向，并基于评价结果设计共生网络效率的提升策略。曲莎从共生理论和生态学理论视角，以园区节点间的生态关联度和总关联生态效率为评价指标，将关联度分析法应用于生态工业园共生网络的实证评价。[③] 闫海清以氯碱化工产业为研究对象，从物质节约和循环、经济效益、生态环境、污染控制、网络管理五个维度视角构建工业共生网络评价指标体系，并在工业共生网络的效率评价过程应用模糊综合评价法。[④] 巩岁平等基于能值分析理论构建工业共生网络的能值评价指标体系，实现定量评价和比较不同模式的产业共生网络，并提出生产模式下的共生网络具有最好的能值效果。[⑤] 李井锋从宏观数据视角，基于投入产出理论实证评价共生网络的效率。[⑥] 张雷勇基于非参数估计法实证评价产学研共生网络效率，并在构建产学研共生网络效率评价指标体系时融入共生过程的能力交换。[⑦]

---

① 王治莹，李春发. 超网络视角下生态工业共生网络稳定性研究 [J]. 大连理工大学学报（社会科学版），2013，34（1）：14 – 18.

② 曹霞，于娟，张路蓬. 不同联盟规模下产学研联盟稳定性影响因素及演化研究 [J]. 管理评论，2016，28（2）：3 – 14.

③ 曲莎，王京芳，厉秉铎. 基于关联度分析的生态工业园共生网络评价 [J]. 科学学与科学技术管理，2007（10）：36 – 40.

④ 闫海清. 氯碱化工产业共生网络规划与评价研究 [D]. 天津：天津大学，2011.

⑤ 巩岁平，任军号，张宝磊. 基于能值分析的工业共生网络评价 [J]. 科技管理研究，2010，30（23）：34 – 37.

⑥ 李井锋. 生态工业共生网络系统的投入产出分析研究 [D]. 天津：天津理工大学，2011.

⑦ 张雷勇，冯锋，肖相泽等. 产学研共生网络效率测度模型的构建和分析：来自我国省域数据的实证 [J]. 西北工业大学学报（社会科学版），2012，32（3）：43 – 49.

1.5.3 国内外研究现状评价

学者们对工业园区共生网络的研究取得了丰硕的成果。但需要注意的是，尽管共生网络具有方法论价值，但在产学研合作领域的运用研究还不够深入和系统，针对油气资源型城市产学研合作的研究更是鲜有。在现代信息技术不断创新的背景下，跨区域的产学研共生网络成为产学研合作的发展趋势。本书研究的产学研耦合共生网络不局限于区域限制，而是可以跨区域形成共生合作关系。因此，本书将基于耦合理论、网络理论、共生理论、产学研合作理论、可持续发展理论的研究成果，从耦合共生网络视角研究油气资源型城市产学研合作问题，重点对油气资源型城市产学研耦合共生网络的影响因素概念模型、产学研耦合共生网络效率的影响因素及评价、产学研耦合共生网络稳定性的影响因素、稳定性对资源型城市可持续创新能力的影响、稳定性的实现路径、稳定性的协调机制等关键问题进行研究，探寻油气资源型城市产学研耦合共生网络的发展规律，对于推动油气资源型城市产学研深度融合，进而实现创新驱动可持续发展，具有深刻的理论和实践意义。

1.6 研究内容

本书主要包括以下方面的研究内容。

1.6.1 相关概念界定和基础理论

阐述与产学研耦合共生网络有关的概念以及理论。相关概念包括产学研耦合、产学研共生、产学研网络、产学研耦合共生网络、产学研耦合共生网络稳定性、油气资源型城市。相关基础理论包括产学研耦合共生网络稳定性的特征和判别、共生理论。

1.6.2 产学研耦合共生网络稳定性的演化机理

从稳定性形成的主体协同机理、稳定性波动的运作机理和稳定性恢复的控制机理三个视角理论剖析产学研耦合共生网络稳定性的演化机理。

1.6.3 产学研耦合共生网络稳定性的影响因素

理论和实证探究共生亲密度、文化耦合、背叛代价、锁定程度、地理距离以及经济发展如何影响产学研耦合共生网络稳定性，并提出相关对策建议。

1.6.4 油气资源型城市产学研耦合共生网络稳定性的实现路径

构建多重中介模型和投影寻踪模型，实证探究油气资源型城市产学研的主体特征对其网络稳定性的影响，以及协同创新与环境整合在两者之间的中介作用。基于实证结果，提出在产学研主体兼容和主体冲突两种情况下油气资源型城市产学研耦合共生网络稳定性的两条实现路径及相关政策建议。

1.6.5 油气资源型城市产学研耦合共生网络稳定性的协调机制

通过问卷调查获得样本数据并运用投影寻踪模型对数据进行降维处理，然后实证探究契约治理和关系治理如何影响耦合共生网络稳定性，以及契约治理和关系治理的交互作用是否也具有影响效应。最后提出契约和管理治理是耦合共生网络稳定性实现的协调机制的设计方向。

1.6.6 产学研耦合共生网络稳定性对油气资源型城市可持续创新能力的影响

首先理论剖析产学研耦合共生网络稳定性对油气资源型城市创新投入能力、创新实施能力、创新产出能力、合作基础资源及主体协同的影响，并运用问卷调查法和结构方程模型进行实证分析。基于实证分析结

23

果，提出有利于提高产学研耦合共生网络稳定性及油气资源型城市可持续创新能力的相关政策建议。

1.7　研究方法

1.7.1　文献研究法

本书在中国知网、万方、中国统计年鉴、科学引文索引等数据库进行文献检索，收集了大量产学研合作的相关文献和案例。在对相关文献和案例进行系统梳理后，归纳总结国内外产学研合作的研究现状并提出产学研合作的未来研究趋势。本书的文献研究为产学研耦合共生网络的影响因素、网络效率的影响因素、网络稳定性的影响因素等理论分析提供了坚实的文献理论基础。

1.7.2　问卷调查法

本书实证分析的变量设置和数据获取采用了问卷调查法。问卷调查的方式包括网络问卷调查和纸质问卷调查。被调查者主要是参与产学研合作的高校学者、企业研发人员和科研院所研发人员。被调查的学者和研发人员的工作经验及教育背景都保证了他们能很好地应答问卷调查问题，进而保证了问卷数据样本的代表性。为了保证问卷调查数据的可行度和可靠度，本书还对问卷调查的数据进行信度检验和效度检验。

1.7.3　结构方程模型评价法

本书的实证分析运用了结构方程模型评价法。该方法的优势一在于允许因变量和自变量存在测量误差；优势二在于在同一个模型中可以既处理各因素的结构关系，也可以同时处理各因素的测量关系。结构方程模型评价法为本书的实证研究提供了工具支持，也为后续政策建议的提出提供了方向指引。

1.7.4 投影寻踪模型评价法

投影寻踪模型可以通过把高维数据投影到低纬度子空间的过程，实现高效处理高维数据，从而获取高维数据的结构和特征。[①] 由于本书涉及的研究变量具有高纬度性和非线性相关关系，影响实证检验的准确性，在油气资源型城市产学研耦合共生网络稳定性实现路径和协同机制的实证分析中，为了更好地找出实证数据间的内在规律，本书通过投影寻踪模型评价法排除无关数据的干扰，提高实证研究的准确性。

[①] 任超亚. 产学研合作创新网络形成的影响因素研究［D］. 大连：大连理工大学，2017.

第2章 相关概念界定和基础理论

本章首先界定产学研耦合共生网络的相关概念，其次剖析相关基础理论，最后构建理论分析框架。其中，概念界定包括产学研耦合、产学研共生、产学研网络、产学研耦合共生网络、产学研耦合共生网络稳定性。相关理论基础包括产学研耦合共生网络稳定性的特征和判别、共生理论。理论分析框架包括产学研耦合共生网络稳定性的演化机理、影响因素、实现路径、协调机制、稳定性对可持续创新能力的影响。

2.1 相关概念界定

2.1.1 产学研耦合的内涵

2.1.1.1 产学研耦合的内容

耦合最初是一个物理学领域的词汇。耦合可以用来描述两个或者两个以上的系统或运动在运行过程中产生的交互作用关系，这种交互作用的结果是不同类型的系统或运动基于优势互补交互影响，最终融合为一个整体。经济学和管理学领域的研究学者在研究经济和管理问题时，借鉴了耦合的物理学机理，探寻两个或两个以上不同类别组织间的最优合作方式。从耦合视角探究产学研合作关系，可以提出产学研耦合的概念，即产学研耦合反映的是产学研合作的参与主体在优势互补的基础上，基于愿景契合和行动协同形成的具有稳定性的合作关系。①② 基于创新系统的构成要素，产学研耦合包括以下四个组成部分：知识基础耦合、物理系统耦合、文化价值耦合和管理系统耦合，具体分析如下。

（1）知识基础耦合

知识的协同是产学研协同创新的前提，因此，知识基础的耦合对创新系统的其他构成要素会产生重大影响。基于科学研究和知识的分类，产学研协同创新的知识基础包括实验技术知识、科学知识、商业知识和生产知识。产学研协同创新在四类知识优势互补的基础上，还需要实现彼此兼容。只有产学研合作的参与主体的知识基础水平相匹配，才能保证知识转移的效果，才能在实践中实现新技术的应用和推广。

（2）物理系统耦合

产学研协同创新离不开物质技术基础。只有建立必要的技术知识应用平台，四类知识才可能实现创新和应用。从物质条件来讲，产学研协同创新的物质条件基础是物理系统耦合。产学研协同创新的物理系统耦合的实质是软件和数据库的耦合、设备和仪器的耦合、程序和工作规则的耦合、研发设计和工业流程的耦合。

（3）文化价值耦合

从文化角度来讲，文化价值的耦合有助于产学研协同创新的成功。产学研协同创新的参与主体要互补彼此的优势文化，要兼容文化的差异。具体而言，产学研协同创新的文化价值耦合包括愿景目标、价值理念和行为规范三个方面。其中，愿景目标体现在合作主体的信念、理想和价值观念；价值理念体现在合作主体的精神、意识、道德观和情感；行为规范体现在合作主体的团结、传统和协作。

（4）管理系统耦合

管理系统耦合为产学研协同创新的成功提供了制度保障。通常，只

---

① 王进富，薛琳，郝向举等. 产学研协同创新组织稳定性影响因素实证研究［J］. 科学管理研究，2016（15）：159－165.

② Hansen I E, Mork O J, Welo T. Managing Knowledge in Manufacturing Industry-University Innovation Projects［C］//IFIP International Conference on Advances in Production Management Systems. Springer, Cham, 2019：603－610.

要管理系统实现高程度的耦合，就能通过减少合作过程中的矛盾和摩擦，降低产学研的合作风险，保证产学研合作的顺利进行。产学研协同创新的管理系统耦合包括教育培训制度耦合、分配和奖励制度耦合、沟通交流机制耦合三个部分。

2.1.1.2 产学研耦合的分类

基于物理学的耦合内涵，可以将产学研耦合程度从低到高划分为五类：完全不耦合、低耦合、中耦合、高耦合、完全耦合。完全不耦合就意味着产学研合作参与主体的创新系统没有实现兼容和互补，是产学研合作的最差情况。当完全不耦合情况发生时，就意味着产学研协同创新被中止了，合作创新无法实现。相反，完全耦合就意味着产学研合作参与主体的创新系统完全实现兼容和互补，是产学研合作的最佳情况。低、中、高三种耦合程度就意味着产学研合作参与主体的创新系统的兼容和互补程度分别为低、中、高，是产学研协同创新的常态。

2.1.1.3 产学研耦合的特征

产学研合作参与主体的知识基础、物理系统、文化价值和管理系统有效耦合是提升产学研协同创新绩效的基础。为了更好地理解产学研耦合的内涵，有必要从以下四个方面剖析产学研耦合的特征。

（1）耦合不同于完全一致

产学研耦合并不是要求产学研合作参与主体创新系统的完全一致，即产学研合作参与主体的创新系统可以存在差异，但要求在水平和内容上能实现兼容。此外，只要产学研合作参与主体之间的创新系统能够优势互补和弥补差距，就能实现产学研协同创新的高绩效。

（2）耦合要求控制创新系统的差距

产学研协同创新的基础是产学研合作参与主体实现知识基础耦合、物理系统耦合、文化价值耦合和管理系统耦合。同时，实现不同维度耦合的前提是产学研合作参与主体的创新系统在内容和水平上差距不大。只有参与主体创新系统的差距在合理范围内，才能实现各自创新系统内容和水平的恰当匹配，增加互动学习和交流的机会，降低知识转移的难度。

（3）耦合是动态过程

产学研耦合是一个动态过程，且具有持续性。成功的产学研协同创新离不开科研院所、高校和企业创新系统的持续适应和调整，最终实现参与主体创新系统的趋同。当产学研合作参与主体互动交流越充分和越深入，各自的创新系统才能越快地提高趋同速度。

（4）耦合要求交互兼容

产学研耦合要求产学研合作参与主体的创新系统交互兼容，而不是研究机构的创新系统兼容企业的创新系统，也不是企业的创新系统兼容研究机构的创新系统。产学研合作参与主体的互动和交流行为直接决定了各主体创新系统交互兼容的有效性。

基于上述产学研耦合的内容、分类和特征，本书绘制产学研耦合机理如图 2 - 1 所示。

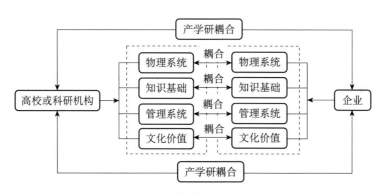

图 2 - 1　产学研耦合机理

2.1.2　产学研共生的内涵

共生概念最初出现在生物学领域。之后，共生概念被经济学者应用到小型经济问题的求解，经济学领域和管理学领域的研究学者开始关注异质性经济组织合作的共生关系。

国内外众多学者都探究过产学研共生的内涵，但得出的研究结论不尽相同。大部分学者都认同产学研共生的实质是企业与研究机构之间的交互合作关系。本书认为，产学研共生的内涵是技术水平、组织机构、资源储备不同的企业与研究机构为了共同的愿景目标在优势互补、资源共享和风险共担的基础上形成的深度合作关系。产学研共生主体通过技术创新、技术转化和商业化方式实现知识的整合和传递，最终将技术创新成功转化为生产力。产学研共生过程既提升了企业的竞争力，也实现了研究机构科研成果的财富转化。[①]

形成共生关系必须具备以下三个条件。第一，在所有的共生单元中，至少存在一组质参量兼容；第二，至少形成一个共生界面，且共生单元能在共生界面上自主活动；第三，共生单元的同质性或关联度均大于某一临界值。共生关系可以进行不同的分类。从组织模式的角度分类，共生关系包括间歇共生、点共生、一体化共生和连续共生四类。从行为模式的角度分类，共生关系包括偏利共生、寄生、对称性互利共生和非对称互利共生四类。

在产学合作关系中，企业、科研院所和大学是共生关系中的基本共生单元，产学研合作关系符合共生关系的三个基本条件。第一，在产学研的合作过程中，一方面，科研院所和大学获得合作企业的科研经费实现科学技术创新，并在科研人才交流培养中实现培养优秀人才的目标；另一方面，合作企业将科研院所和大学研发的科学技术进行实践应用，实现新产品或新服务的开发，进而提升企业利润，同时企业也获得产学研合作培养的人才，提升自身的研发水平。因此，产学研合作关系的质参量在调整后具有相互表达的特质，即符合质参量兼容条件。第二，有形共生界面和无形共生界面都有助于产学研共生活动的实现。其中，有形共生界面包括技术交易、技术市场和技术转移中介机构；无形共生界面包括技术接口和技术标准。简而言之，产学研合作关系符合至少形成一个共生界面的条件。第三，产学研合作的共生单元可以分为同类共生单元和异质类共生单元两类。其中，同类共生单元包括科研院所与大学

---

① Suh Y, Woo C, Koh J, et al. Analysing the satisfaction of university-industry cooperation efforts based on the Kano model: A Korean case [J]. Technological Forecasting and Social Change, 2019, 148: 119 – 128.

的共生单元、科研院所与科研院所的共生单元、大学与大学的共生单元；异质类共生单元包括科研院所与企业的共生单元、大学与企业的共生单元。且同类共生单元的同质程度和异质类共生单元的关联度都大于一定的临界值，即产学研合作关系也满足共生的第三个条件。从分类的视角而言，产学研合作的分类与产学研共生关系的分类也具有一致性，即产学研合作模式中的委托研究、技术转让、共建经济实体、合作研究与共生模式中的间歇共生、点共生、一体化共生、连续性共生一一对应。

综上所述，产学研合作关系满足共生关系形成的三个条件，从组织视角而言也具备生物共生的特点，从实质而言可以用共生关系来描述产学研合作关系。在产学研合作关系的研究中应用共生理论，拓宽了产学研合作的研究视角，也提供了一种新方法。

2.1.3 产学研网络的内涵

产学研网络是对产学研合作现实问题的抽象处理结果。在产学研网络中，高校、科研院所和企业就是不同的网络节点，这些网络节点间的合作关系就是网络的连接。[①] 对产学研网络而言，网络节点和关系是关键要素，网络环境是产学研网络高效运转的环境基础。产学研网络的特征和形成与普通网络的特征和形成有着相似性，因此，可以基于网络理论，探究产学研网络的形成机理和基本结构。

2.1.3.1 产学研网络的形成机理

艾伯特（Albert）基于现代计算机技术，对复杂网络的特征进行深入研究，提出无标度是现实网络的重要特征。现实网络既不是无规律的，也不是完全遵循规则的，而是表现出半随机性。产学研网络属于产学研合作中形成的现实网络，因此，其特征也表现为无标度和半随机性。[②] 产学研网络的形成机理可以分为以下两个层面：第一个层面是择优连接

---

① 冯锋，肖相泽，张雷勇. 产学研合作共生现象分类与网络构建研究——基于质参量兼容的扩展 Logistic 模型［J］. 科学学与科学技术管理，2013（2）：3 – 11.

② Gibson E, Daim T U, Dabic M. Evaluating university industry collaborative research centers ［J］. Technological Forecasting and Social Change, 2019, 146：181 – 202.

性；第二个层面是增长性和开放性。任何类型的产学研网络都始于单个网络节点的连接，网络的扩大和发展需要新节点的加入，且已有节点得到不断的丰富。因此，产学研网络具有开放性和增长性。

产学研网络持续丰富的微观机理体现在以下两个层面。第一层面的微观机理是：随着科学技术的不断成熟和推进，任何一个产学研主体不会只和同一个其他主体发生合作关系，而是持续寻找新的合作主体。[①]第二层面的微观机理是：择优选择和断键重连的机理。通常而言，产学研网络的主体进行网络连接需要付出成本，因此，产学研网络的某个节点（主体）在与其他节点进行网络连接前会通过分析大量的信息，并基于严格的评价后判断对方是否具备合作的必要性和可行性。尽管产学研网络主体在网络连接前进行了深入评价，但由于评价信息可能不充分，可能导致部分网络连接是低效或无效的，表现的网络连接结果是产学研网络节点的双方主体供给和需求匹配程度低，这时断键重连机制就可以发挥作用了。断键重连是现实网络中存在的常见现象，属于小世界网络的常用语。断键重连的实质就是当网络某节点与其他节点连接后，由于连接成本高或连接效率低等原因，而不得不主动断开网络连接，并重新寻找新节点进行网络连接的过程。因此，断键重连机制推动了产学研网络的高效优化。

2.1.3.2 产学研网络的基本结构

产学研网络的基本结构包括：网络连接、网络节点和网络环境。[②]其中网络连接和网络节点具有内生性，网络环境具有外生性。产学研网络通常包括 2 个以上的节点，当只有 2 个节点的时候，产学研网络就退化为点对点的连接。产学研网络的节点一般包括：研究机构（科研机构、高校）和企业。也有学者认为中介机构也是产学研网络的节点。本书认为，由于中介机构不直接参与产学研活动，且在网络中发挥的作用也不

---

① Albats E, Fiegenbaum I, Cunningham J A. A micro level study of university industry collaborative life cycle key performance indicators [J]. The Journal of Technology Transfer, 2018, 43 (2): 389 – 431.

② 唐孝云，李业川，杨帆等. 产学研合作影响因素的实证分析及其对策研究 [J]. 科技管理研究，2009 (5): 101 – 103.

同于其他主体，因此中介机构不适合成为产学研网络的节点。从共生视角而言，中介机构更适合作为一种共生界面。产学研网络的关键要素除了节点，还有网络中的连接。产学研网络的连接可以分为以下三类。

（1）企业之间合作的网络连接

在产学研网络的形成过程中，企业之间在经营等活动中存在合作的可能性。例如，企业之间由于中间产品的供应与需求关系，处于产品供应链上游和下游的企业形成了合作关系。又如，企业之间还可能因为委托生产或租赁设备而形成合作关系。尽管企业间的合作类型多种多样，但并不是产学研网络的重要连接关系。

（2）研究机构之间的网络连接

因为科研机构和高校在产学研活动中及与企业的关系中，都扮演了类似的角色，起到相似的作用。因此，本书认为科研机构和高校从网络连接的角度而言归属于同类网络节点，可以将其统称为研究机构。研究机构间的合作模式主要有联合申请课题、联合攻关和共建科研平台。与企业间的网络连接类似，研究机构间的网络连接也不是产学研网络的重要连接类型。

（3）研究机构和企业间的网络连接

研究机构与企业间存在更多的互补性，更容易生成产学研网络连接。一方面，研究机构常常具备基础技术和应用技术研发方面的优势；另一方面，企业的可持续发展离不开技术的创新，且具备将新技术产业化的优势。由于研究机构和企业存在着技术需求和供给关系，它们之间围绕技术就形成了不同类型的产学研网络的连接。研究机构和企业间的产学研网络连接可以分为以下四类。

第一，技术转让模式的产学研网络连接。

当研究机构拥有企业需要的技术专利或产权时，研究机构和企业之间就可能发生一次性的技术专利授权或技术专利转让。技术转让模式的产学研网络连接表现出短暂性和临时性的特征。

第二，委托开发模式的产学研网络连接。

委托开发指的是企业基于自身的发展需要向研发机构提出新技术的研发需求，研究机构接受委托后，开始按照企业需求研发新技术。委托开发过程中，尽管研究机构和企业的合作关系一直存续着，但实质上研究机构和企业只在需求调研、中期检查和项目验收时发生实际的关联，因此，委托开发模式的产学研网络连接具有间歇性，缺乏可持续性。

第三，联合攻关模式的产学研网络连接。

在联合攻关模式下，企业在提出技术研发需求后，还会指派研发人员与研究方机构共同形成研发团队，技术研发成果按照约定的方式进行分配。联合攻关项目结束后，联合的研发团队也宣告解散。

第四，共建经济实体模式的产学研网络连接。

共建经济实体模式指的是研究机构和企业共同出资设立新的经济实体。经济实体的主要功能就是按照企业需要进行技术创新。经济实体不会随着某项技术研发的结束而结束，而是逐渐设立更多的独立实体，即在原来网络节点的基础上衍生出更多的网络节点。

2.1.4　产学研耦合共生网络的内涵

探究产学研合作的实质可以发现，在产学研合作的过程中，为了实现对各种类型资源的高效集合和利用，基于优势互补，建立交互兼容的耦合关系是产学研合作参与主体的必然选择。在政府的积极引导下，产学研合作参与主体踊跃地参与各领域的技术创新活动，增加了相互交流的机会和次数，形成了协同创新的关系，实现了互补资源的高效利用。[①] 产学研合作模式逐渐从原来的单一线性合作，转向网络化合作方向。同时，在产学研合作的实践过程中，产学研合作参与主体的合作关系具有了共生和耦合特征。

基于国内外学者对产学研耦合、共生和网络方面的相关研究成果，本书对产学研耦合共生网络的内涵有了新的解读。产学研耦合共生网络是指企业、高等院校和科研机构等网络节点在共生网络环境中，通过不同种类共生模式在共生界面上形成一种优势互补、相互兼容、相互协调、相互促进的耦合合作关系，并在此基础上以联合形式进行充分的研

---

① 周灿 . 中国电子信息产业集群创新网络演化研究：格局、路径、机理［D］. 上海：华东师范大学，2018.

究开发与互动合作等共生活动而形成的一种网络系统。产学研合作参与主体实现共生的关键包括以下四个维度的耦合：目标耦合、资源耦合、文化耦合和知识耦合。四个维度的高效耦合离不开共生环境的支撑。产学研耦合共生网络的特征体现在以下三个方面。

第一，高校、科研院所和企业既是产学研耦合共生网络的网络节点，也是维持共生关系的共生单元。

第二，产学研耦合共生网络的高效运行源于共生主体或网络节点的交互兼容。通过交互兼容可以实现优势互补和资源的高效配置，进而促进产学研合作参与主体的耦合共生。

第三，产学研耦合共生网络作为一种典型的网络，其网络节点的形成、发展和互动等过程与一般网络相比具有一致性。

2.1.5　产学研耦合共生网络稳定性的内涵

产学研耦合共生网络稳定性是一种在正常波动范围内相对的、动态的平衡，是指各网络主体之间能够朝着相同的预期目标，相互协调、共同发展，保持产学研耦合共生网络的持续运行，并且保持在受到共生环境内外各因素的干扰影响时仍能通过内部自身调节使其持续稳定运行的状态，始终达到产学研耦合共生网络稳定运行的动态平衡。[①]　产学研耦合共生网络稳定性是实现产学研高效协同创新的关键。[②]

产学研耦合共生网络稳定性体现在以下两个方面。第一，产学研耦合共生网络主体在网络构成前达到的均衡状态能否继续维持均衡。第二，在受到因素干扰的情况下，产学研耦合共生网络主体在网络构成后达到的均衡，在均衡协调机制下能否保持持续的均衡。学者们从不同视角对产学研耦合共生网络稳定性进行探究。基于动态视角，产学研耦合共生网络稳定性是一种动态和相对的均衡，即为了实现产学研协同创新的共同目标，产学研主体通过及时沟通和互惠互利等措施实现产学研耦

---

①　Mascarenhas C，Ferreira J J，Marques C. University-industry cooperation：A systematic literature review and research agenda ［J］. Science and Public Policy，2018，45（5）：708 – 718.

②　Vargas M I R. Technology Transfer Via University-Industry Relations：The Case of the Foreign High Technology Electronic Industry in Mexico's Silicon Valley ［M］. Routledge，2018.

合共生网络的稳定性。①② 基于目标实现视角，产学研耦合共生网络稳定的意义在于通过高效沟通和协同互动，减少产学研主体间独立性与网络整体的冲突，降低机会成本，提高产学研耦合共生网络协同创新效率。

2.1.6 油气资源型城市的内涵

油气资源型城市是指以石油和天然气为主要自然资源，对油气资源进行开采、运输、加工和销售等经济化产业活动的城市，是我国众多资源型城市的重要组成部分。尽管油气资源型城市存在产业结构单一、对油气资源消耗和依赖增大、环境压力加大、经济效益逐渐递减等问题，但是油气产业的发展仍是我国经济发展的重点项目，油气资源也是促进当地经济繁荣发展和社会生产力水平提高的主要推动力。

油气资源型城市一般具有以下三个特征。第一，城市起源和经济发展的主要推动力是石油和天然气为主的自然资源，且油气资源的开发利用率越高，该城市的工业化水平越高。第二，油气资源的开发程度与该城市的城市化发展水平相关。第三，油气资源城市所承担的环境压力较大。在石油、天然气的开采加工活动中，所产生的废弃物和污染物处理问题对生态环境和人类生活产生较大威胁。

2.2 相关基础理论

2.2.1 产学研耦合共生网络稳定性的特征

2.2.1.1 整体性

产学研耦合共生网络稳定性不是产学研各主体自身的稳定，而是产学研耦合共生网络整体的稳定性。产学研耦合共生网络稳定性实现的前

---

① 祝影，王飞. 基于耦合理论的中国省域创新驱动发展评价研究 [J]. 管理学报，2016 (10)：1509 – 1571.

② 于娟. 产学研联盟稳定性研究 [D]. 哈尔滨：哈尔滨工程大学，2016.

提是产学研各参与主体在产学研耦合共生过程中得到的收益大于耦合共生网络的成本。[①] 因此，产学研耦合共生网络稳定性实现的关键在于产学研各主体的合力作用，为了协同创新的共赢目标，才能实现真正意义上的稳定。

2.2.1.2　相对性

产学研耦合共生网络稳定性不是绝对静止的稳定，而是一种具有相对性的稳定。产学研耦合共生网络稳定性的意义在于助力于产学研协同创新共赢目标的实现，因此，产学研耦合共生网络稳定性是相对于既定的协同创新共赢目标。在产学研耦合共生网络主体在协同创新过程中，各参与主体可以在外部环境变化的情况下，随之进行调整和变化，但一定不能背离产学研耦合共生网络的整体利益和现有战略目标。一旦现有共赢目标发生了变化，产学研耦合共生网络稳定性关系也会随之调整。

2.2.1.3　波动性

产学研耦合共生网络属于具有灵活性的组织形式，是一种具有开放性和动态性的系统，因此，其稳定性也具有波动性。产学研耦合共生网络的稳定性并不要求完全执行网络协议和计划，也不强求网络管理方式和合作模式的一成不变。[②] 产学研耦合共生网络稳定性只要求产学研各主体追求协同创新合作共赢利益，在外部环境变化的情况下，可以调整网络管理模式，实现共赢目标。因此，产学研耦合共生网络稳定性不是线性稳定，而是波动性稳定。

2.2.1.4　长久性

产学研耦合共生网络主体在协同创新过程中为了实现共赢目标协同合作。在实现产学研耦合共生网络既定目标前，必须持续维护网络关系，直到实现共赢目标，这体现了产学研耦合共生网络稳定的长久性。长久性是相对于共赢目标而言，在共赢目标实现之前，产学研耦合共生

---

① 陈建斌，郭彦丽，顾志良. 从社会网络视角看地方高校产学研合作［J］. 中国高校科技，2012（10）：26－28.

② 郑家霖. 我国增材制造产业创新生态系统构建研究［D］. 福州：福州大学，2016.

网络保持长久的稳定。

2.2.2 产学研耦合共生网络稳定性的判别

2.2.2.1 演化博弈理论概述

演化博弈理论是传统博弈理论发展的产物。演化博弈理论与传统博弈理论最大的区别在于，它对参与人行为分析的前提既允许参与人有限理性，也允许信息条件不完全。演化博弈理论与生物进化论存在共性之处，它在博弈论分析的过程中融入了动态演化过程，提出博弈方采用不断试错的方式来实现博弈均衡。

演化博弈理论的核心思想认为，在群体决策过程中，有限理性的博弈主体在得到最优策略前为了实现自身利益最大化，通过学习和模仿，不断选择和试错，进行反复的动态博弈，对其策略进行最优调整。演化博弈的实质表现在复制动态和演化稳定策略。

2.2.2.2 演化博弈理论视角下产学研耦合共生网络稳定性的判别

产学研耦合共生网络主体类型形式多样，包括企业、高校、科研机构、政府和提供服务的金融中介机构。[①] 这些网络主体作为保证网络高效运行的决策主体，在决策过程中表现为有效理性。在信息有效的情况下，各网络主体为了实现自身利益最大化，可能会采取机会主义行为，使得网络运行过程中出现冲突行为。产学研耦合共生网络决策主体的策略集合包括协同合作或投机行为。[②③] 各网络主体在决策选择的博弈过程中不可能一次就实现最优策略，而是需要通过不断调整策略以实现自己利益最大化，因此，决策的过程从不满意到较满意再到最好策略，最终实现各决策主体共赢的动态平衡。基于决策主体的有限理性、信息的不完全对称性和环境的不确定性，演化博弈论比传统博弈论更有助于精

---

① 胡珑瑛，崔岚. 基于机会主义防范的技术创新联盟稳定性研究 [J]. 科技进步与对策，2012，29（20）：27 – 31.

② 柳洲，陈士俊. 产学合作的知识耦合机制 [J]. 科学经济社会，2008（26）：21 – 25.

③ 刘赞英，康圆圆，王岚. 文化耦合视角下"官产学研资"一体化的创新模式研究 [J]. 河北师范大学学报（哲学社会科学版），2010（9）：34 – 37.

确剖析产学研耦合共生网络参与主体的决策演化行为及稳定性。

2.2.3　共生理论

共生理论在提出之后，广泛应用于社会学和经济学领域，并取得了丰硕的成果。共生理论的核心思想认为，共生体现的是一种关系，即共生单元在共生环境中以一定的共生模式所形成的关系。[①] 共生的构成要素有三个，具体如下。

2.2.3.1　共生单元

共生单元就是形成共生关系的主体，它是最小的共生活动单元。基于生物学视角，大豆和根瘤菌是一种典型的共生关系，其中大豆和个体根瘤菌就是共生单元。在社会学视角下，任何参与共生活动的个体、家庭和企业都可以是共生单元。对共生单元的科学描述，需要引入象参量和质参量的概念。共生单元的象参量是可以观察到的共生单元外在表象。共生单元的质参量包括影响共生单元变化的因素和内部结构特征。[②] 通常，质参量变化的结果是象参量也对应快速变化，但象参量的变化不一定会导致质参量的突变。只有当象参量的变化达到一定水平时，才会导致质参量的重大变化。以参与经济共生的企业为例，企业作为共生单元，其规模和人才等情况属于象参量，其管理方式和投入产出结构属于质参量。企业在参与经济共生活动的过程中，管理方式或投入产出结构的变化常常会导致企业规模和人才的快速变化，但规模和人才的变化不一定会导致管理方式和投入产出结构的突变，只有其变化的程度达到一定水平时才会导致质参量的重大变化。

2.2.3.2　共生模式

共生模式指的是共生单元形成的共生关系的方式和程度。[③] 共生单

[①]　张雷勇. 中国产学研共生网络治理研究 [D]. 合肥：中国科学技术大学，2014.

[②]　Steinmo M, Rasmussen E. The interplay of cognitive and relational social capital dimensions in university-industry collaboration：Overcoming the experience barrier [J]. Research Policy, 2018, 47（10）：1964－1974.

[③]　荣飞. 大企业技术创新与区域产业发展理论及实证研究 [D]. 天津：河北工业大学，2007.

元有不同的特征，同时不同的共生单元也存在差异性，因此，共生单元不可能以唯一的共生方式进行共生活动，同时共生方式的不同也会直接影响共生关系和表现。换而言之，共生模式就是共生单元组织活动和行为方式的概况。从这个角度来看，共生模式包括共生组织模式和共生行为模式。

2.2.3.3 共生环境

稳定的共生环境是共生关系形成和发展的前提。[①] 水环境、大气环境、土壤环境等属于生物领域的共生环境；人文环境和社会环境属于社会领域的共生环境；政策环境和金融环境属于企业经营活动领域的共生环境。从变量的视角而言，共生环境属于共生活动的共生变量，具有外在性。共生环境通过外在的环境变量影响共生关系。良好的共生环境能促进共生关系的良性发展。基于对共生关系的激励视角，共生环境可以分为负向抑制型、正向激励型和中性型三类。[②] 负向抑制型共生环境会阻碍共生活动和共生关系的正常发展；正向激励型共生环境通过正向影响共生关系的发展，进而正向影响共生活动的运行；中性共生环境对共生活动和共生关系都不会产生明显的影响。值得注意的是，不存在一成不变的共生环境。随着空间和时间的变化，共生环境可能自身发生了变化，也可能在共生关系的影响下发生了变化。

2.3　理论分析框架

本书基于产学研耦合共生网络稳定性的内涵、特征、判别和共生理论，首先剖析产学研耦合共生网络稳定性的演化机理和影响因素；其次探究其实现路径和协调机制；最后探寻产学研耦合共生网络稳定性对油

---

① Arenas J. Technology transfer models and elements in the University-Industry collaboration [J]. Administrative sciences, 2018, 8 (2): 19 - 28.

② 冯锋. 产学研协同创新发展现状及对策研究 [J]. 科技与企业, 2013 (8): 217 - 218.

气资源型城市可持续创新能力的影响。本书的理论分析框架如图 2 - 2
所示。

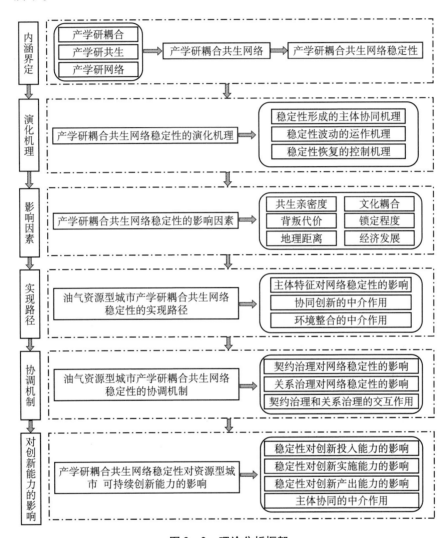

图 2 - 2　理论分析框架

2. 4　本章小结

本章首先对产学研耦合、产学研共生、产学研网络、产学研耦合共生网络、产学研耦合共生网络稳定性进行内涵界定，其次剖析产学研耦合共生网络稳定性的特征和判别、共生理论，最后构建本书的理论分析框架。本书认为，产学研耦合反映的是产学研合作的参与主体在优势互补的基础上，基于愿景契合和行动协同形成的具有稳定性的合作关系。基于创新系统的构成要素，产学研耦合包括以下四个组成部分：知识基础耦合、物理系统耦合、文化价值耦合和管理系统耦合。产学研共生的内涵是技术水平、组织机构、资源储备不同的企业与研究机构为了共同的愿景目标在优势互补、资源共享和风险共担的基础上形成的深度合作关系。产学研共生主体通过技术创新、技术转化和商业化方式实现知识的整合和传递，最终将技术创新成功转化为生产力。产学研共生过程既提升了企业的竞争力，也实现了研究机构科研成果的财富转化。产学研耦合共生网络稳定性的特征包括整体性、相对性、波动性和长久性。基于决策主体的有限理性、信息的不完全对称性和环境的不确定性，演化博弈论比传统博弈论更有助于判别产学研耦合共生网络稳定性。产学研合作关系满足共生关系形成的三个条件，从组织视角而言也具备生物共生的特点，因此，产学研合作关系从实质而言就是共生关系。本书理论分析框架的起点是产学研耦合共生网络稳定性的内涵界定；接着从稳定性形成的主体协同机理、稳定性波动的运作机理和稳定性恢复的控制机理三个维度剖析其演化机理；然后实证剖析其影响因素；进而探究其实现路径和协调机制；最后探寻其对资源型城市可持续创新能力的影响。

第3章 产学研耦合共生网络稳定性的演化机理

产学研耦合共生网络本质上是具有开放性和复杂性的网络系统，耦合共生主体在网络系统的运行中持续相互作用，使得网络稳定性的演化过程体现自组织的演化特征。自组织理论的研究重点是在限定条件下，系统在动态演化过程中如何实现由无序运行到有序运行，由低级有序运行到高级有序运行。自组织理论为系统的演化运行规律提供了理论支持，广泛应用于经济、社会、生命、网络系统等复杂系统的动态演化机理研究中。基于自组织理论，产学研耦合共生网络稳定性的演化是一个动态过程，具体包括三个演化阶段，分别是形成阶段、波动阶段和恢复阶段。第一，形成阶段的演化：在产学研耦合共生主体建立网络关系的初期，网络还未形成稳定的状态，并且产学研创新主体处于无序合作状态，但随着网络的运行和产学研创新主体间的不断融合和相互作用，在共生耦合的过程中实现了能量、物质和信息的交换或交流，产学研耦合共生网络的发展表现为从无序运行到有序运行。第二，波动阶段的演化：由于产学研耦合共生网络在持续的运行中所处的环境是持续变化的，并且产学研网络主体间的交互作用也表现为非线性叠加和复杂的因果关系，因此，产学研网络主体持续受到各种因素的干扰，使得网络的有序运行出现波动。第三，恢复阶段的演化。当产学研耦合共生网络的有序运行出现波动时，网络主体会产生正向反馈或负向反馈。负向反馈会削弱网络运行的波动程度，使网络运行回归到原有的稳定运行状态。

而正向反馈会扩大波动程度，根据后续的调节行为可能出现两种不同的结果：第一种结果是在波动被放大后，网络主体采取了高效的控制和调节使网络系统形成突变，形成新的稳定运行状态；第二种结果是网络主体的控制和调节无效，使得网络系统在剧烈波动后崩溃或解体。

3.1　产学研耦合共生网络稳定性形成的主体协同机理

在产学研耦合共生网络运行过程中，产学研网络主体关系表现为相互作用、相互促进、相互依赖、协同发展。[1][2] 网络稳定性的实现离不开网络主体的协同互动。[3] 由于产学研网络主体本质上是相互独立的，同时网络对主体是软约束，网络主体间的关系表现出松散的特征，这不利于网络的稳定性。因此，网络稳定性的实现需要网络主体通过协同和互动形成紧密有序的有机结构。根据自组织理论，产学研耦合共生网络稳定状态的形成和维持都离不开网络主体的动力驱动和行为协同。[4] 因此，我们接下来从网络主体的动力驱动和行为协同两个维度阐述产学研耦合共生网络主体如何在动力驱动下，通过行为协同形成紧密的网络关系，实现网络的稳定运行。

3.1.1　产学研耦合共生网络稳定性主体协同的动力分析

由于产学研耦合共生网络具备自组织的特征，参与网络的主体利益

---

① 何郁冰，张迎春．网络类型与产学研协同创新模式的耦合研究［J］．科学学与科学技术管理，2015（2）：62－69．

② 李祖超，聂飒．产学研协同创新问题分析与对策建议［J］．中国高校科技，2012（8）：24－25．

③ Rantala T，Ukko J. Performance measurement in university-industry innovation networks：implementation practices and challenges of industrial organizations［J］．Journal of Education and Work，2018，31（3）：247－261．

④ 张俊霞．经济新常态下政产学研协同创新问题研究［J］．科技进步与对策，2015，32（14）：27－30．

需求和出发点存在差异性，有权自主决定是否参与网络以及参与合作的投入程度，因此，产学研耦合共生网络不会自动形成稳定运行状态。[1][2]网络主体需要动力驱动和引导，促进主体间的交互合作，进而推动产学研耦合共生网络由无序运行进入稳定有序运行状态。[3] 产学研耦合共生网络稳定性的实现需要网络主体协同的动力，即网络主体在动力的驱动和引导下进行协同互动，从而实现产学研耦合共生网络的稳定有序运行。

3.1.1.1　外部驱动力

由于产学研耦合共生网络具备开放性的特征，网络主体在协同创新的过程中必然需要与外部进行信息、物质或能力的交换，这就使网络主体受到的外部环境驱动。[4] 这种外部环境驱动力属于外部动力或情景动力，是驱动产学研网络主体协同互动的环境动因，主要驱动环境包括政策环境、技术环境和市场环境。

3.1.1.2　内部交互驱动力

产学研耦合共生网络的主体协同动力还源于网络主体之间的交互驱动。如果网络主体间缺乏相互依赖、相互作用或相互促进，网络主体间的协同创新活动就会呈现无序运行状态，或者初始阶段形成了有序运行，但由于缺乏动力驱动和引导而进入无序运行状态，无法实现网络主体的自适应，无法维持网络的稳定性。[5][6] 这种网络主体间的交互驱动力属于内部动力，又可细分为触发动力和使能动力。触发动力来源于产学研网络主体的认知和行动力，是网络主体协同互动的愿景动因。使能动力来源于产学研网络主体的组织结构、管理水平、技术水平、人员水

---

① 饶燕婷. "产学研"协同创新的内涵、要求与政策构想 [J]. 高教探索，2012（4）：29 – 32.

② 张凤丽，陈平. 唐山资源型城市产学研协同创新发展对策研究 [J]. 科技视界，2018（10）：110 – 111.

③ 薛雅伟，张剑. 基于双标分类与要素演化的油气资源城市"资源诅咒"情景模拟 [J]. 中国人口·资源与环境，2019，29（9）：11 – 21.

④ 张雷勇. 我国产学研共生网络治理研究 [D]. 合肥：中国科学技术大学，2015.

⑤ 南剑飞，赵丽丽. 实现油气资源型城市绿色发展 [N]. 经济日报，2018（8），23（16）.

⑥ 田宇. 产学研技术联盟的稳定性研究 [D]. 大连：大连理工大学，2012.

平、保障体系等主体的能力要素，是网络主体协同互动的能力动因。因此，产学研耦合共生网络在情景动力、触发动力和使能动力的层层驱动和引导下，网络主体高效互动、深度融合，通过推动网络的稳定运行，实现产学研协同创新的目标。

3.1.2　产学研耦合共生网络稳定性主体协同的行为分析

自组织理论认为，对于任何一个系统而言，自组织前其内部处于杂乱无序状态，但通过自组织的过程，系统的内部要素在持续的整合互动后，推动系统有序稳定运行。① 产学研耦合共生网络属于复杂的网络系统，其在自组织前，各网络主体由于自身的利益诉求不同，其参与产学研协同创新活动的目的在于追求自身利益最大化而不是产学研耦合共生网络系统整体利益最大化。各产学研网络主体在追求自身利益最大化的过程中，有可能损害产学研的协同创新活动，从而导致网络系统的无序运行。② 为了规避产学研耦合共生网络出现无序运行，各网络主体既要高效地进行资源整合，又要持续地协同互动，最大化地形成协同效应，进而推动产学研耦合共生网络的稳定运行。产学研耦合共生网络主体协同的关键在于资源整合、沟通互动和协同行为。③④ 产学研耦合共生网络形成后，各网络主体通过资源重新配置、知识共享、沟通互动、协同行动实现主体间的高效协同，使网络最终达到和维持稳定运行的状态，进而提升产学研协同创新绩效。

（1）资源整合

产学研耦合共生网络主体协同的资源整合主要涉及网络主体间的知

---

① 梁招娣. 产学研联盟稳定性影响因素及其运行机制研究［D］. 广州：华南理工大学，2015.

② Freitas B M, Marques R A. University-industry Collaboration and Innovation in Emergent and Mature Industries in New Industrialized Countries［J］. Research Policy, 2013, 42（2）：443 – 453.

③ 曾德明，王燕平，文金艳等. 高技术企业创新联盟稳定性研究［J］. 研究与发展管理，2015, 27（1）：44 – 50.

④ 郝红军，蒋绪亮. 装备制造业 R&D 联盟稳定性动态博弈研究［J］. 科技与管理，2014, 16（6）：61 – 66.

识、研发设备等资源的共享和整合。作为产学研网络创新主体的企业实体、高等院校和研发机构具有异质性，拥有的研发设备和知识存在差异性。[①] 其中，企业实体主要拥有生产性的研发设备、研发知识、研发技术；高等院校和研发机构主要拥有基础性的研发设备、研发知识、研发技术。[②] 因此，产学研耦合共生网络稳定性的实现首先在于网络主体间的资源整合，以推动网络主体间的研发设备、知识、技术的共享和融合。

（2）沟通互动

产学研耦合共生网络的稳定运行也离不开各网络主体间持续和高效的沟通互动。无论是网络主体间的资源共享，还是协同行为，都是沟通互动的结果。[③] 网络主体通过沟通互动，增强了彼此的信任、优化了资源配置、提升了知识利用效率，最终实现了互惠互利和合作共赢。

（3）协同行为

产学研耦合共生网络主体的协同行为的关键在于网络主体创新活动的同步优化。网络主体协同行为既要关注知识和技术的发明创造，也要关注知识和技术的应用性和转换性。[④⑤] 具体而言，就是协同行为要实现高等院校和研发机构的理论性知识与企业实体的生产技术和市场需求高度匹配，进而实现研发知识的融合和产业化。此外，产学研网络主体的协同行为还需要政府及时制定具备经济适用性的相关经济政策，为协同创新活动提供政策引导和扶持。[⑥]

---

① 刁丽琳，朱桂龙. 产学研联盟契约和信任对知识转移的影响研究 [J]. 科学学研究，2015，33（5）：723－733.

② 张省，袭讯. 产学研协同创新知识溢出效应分析 [J]. 科技管理研究，2018，38（6）：124－129.

③ Drozdoff V, Fairbairn. Licensing Biotech Intellectual Property in University-industry Partnerships [J]. Cold Spring Harbor Perspec-tives in Medicine, 2015, 5（3）：1－12.

④ 王晓伟. 海上丝绸之路战略背景下的港口合作网络稳定性研究 [D]. 大连：大连海事大学，2017.

⑤ 俞舟. 基于声誉模型的产学研联盟稳定性研究 [J]. 科技管理研究，2014，34（9）：161－165.

⑥ 储节旺，李佳轩. 基于知识生态系统视角下的产学研协同共生演化机理研究 [J]. 情报科学，2022，40（6）：1－16.

3.2 产学研耦合共生网络稳定性
波动的运作机理

产学研耦合共生网络在网络主体的协同作用下通常会按照协同创新目标实现的轨迹稳定运行。[①] 但需要注意的是，产学研耦合共生网络作为具有复杂性的网络系统，其运行过程必然会受到社会、经济、市场等外部非技术性因素的扰动和刺激，从而不利于产学研耦合共生网络的稳定运行。此外，各网络主体由于目标、文化、机构性质、利益需求等的差异性，且缺乏相关的约束手段，就可能在协同创新的过程中出现"搭便车"行为，甚至发生违背合作约定的情形，这都可能引发网络主体间的矛盾和冲突，进而破坏产学研耦合共生网络的稳定运行。[②③]

产学研耦合共生网络稳定性波动的根源在于网络系统受到了扰动和刺激。现实中也不可能存在一直处于稳定状态的系统。任何系统在与外界的信息、能力和物质的交换过程中就可能发生系统的不稳定现象——波动。[④] 根据自组织理论，波动就是指系统偏离了稳定运行状态，是自然系统和社会系统的普遍现象。如果刺激和扰动引起的系统波动可以在负反馈后逐渐减缓波动，并最终使系统回归到原来的运行状态，那么系统还能保持稳定性；反之，如果波动在正反馈后波动被放大到超过限度，会导致系统失去稳定性，系统会崩溃解体或再生成新的自组织结构。

---

① 李影，张鹏. 基于网络 DEA 和 Shapley 值的产学研科技创新效率研究 [J]. 科技管理研究，2022，42（5）：93 – 103.

② 张秋明，顾新，杨雪. 产学研协同创新网络视角下创新资源禀赋对城市创新能力提升的影响研究 [J]. 软科学，2022，36（3）：1 – 13.

③ 陈恒，杨志，祁凯. 多方博弈情景下政产学研绿色技术创新联盟稳定性研究 [J]. 运筹与管理，2021，30（12）：108 – 114.

④ 熊壮. 湖北省产学研合作问题研究 [D]. 武汉：华中师范大学，2016.

3.2.1　外部环境扰动刺激下的波动机理分析

外部环境对产学研耦合共生网络的扰动和刺激通常是由于经济环境、技术环境或市场环境发生了变化，具有突发性和随机性。[①] 当市场出现了同质化竞争、技术发生了升级转型、经济出现了衰退，这些必然会对产学研合作网络主体的协同创新活动产生扰动和刺激。随着扰动和刺激在各网络主体间的扩散和传播，会影响各网络主体的协同互动，从而导致网络的运行出现波动，不利于网络的稳定运行状态。[②]

3.2.2　内部扰动刺激下的波动机理分析

产学研耦合共生网络的主体之间既存在协同，也存在矛盾和冲突。不同于外部环境扰动刺激引发的网络稳定性波动，各网络主体的内部扰动和刺激所引发的网络稳定性波动源于各网络主体间的矛盾和冲突。[③④]产学研耦合共生网络的创新主体在协同创新活动初期，基于外部驱动力和内部协同合作，推动了网络的稳定运行。但是随着协同创新活动的持续推进，个别或少部分网络创新主体从自身利益最大视角出发，采取了"搭便车"等机会主义行为，这必然会导致其他网络创新主体的效仿或不满，进而引起创新主体间的矛盾和冲突。[⑤] 随着矛盾和冲突的持续积累，网络创新主体间的冲突行为逐渐被放大和显现，这必然给产学研耦合共生网络的稳定运行带来不利影响，引起网络运行的波动，导致产学研合作网络失去稳定性状态，甚至解体。

---

① 张根明，张曼宁. 基于演化博弈模型的产学研创新联盟稳定性分析 [J]. 运筹与管理，2020, 29（12）: 67 – 73.

② 王海军，成佳，邹日崧. 产学研用协同创新的知识转移协调机制研究 [J]. 科学学研究，2018, 36（7）: 1274 – 1283.

③ AUTY R M. Natural resources, capital accumulation and the resource curse [J]. Ecological economics, 2007, 61（4）: 627 – 634.

④ 肖振红，范君荻. 区域 R&D 投入、产学研耦合协调度与科技绩效 [J]. 系统管理学报，2020, 29（5）: 847 – 856.

⑤ 迟景明，李奇峰. 我国区域产学研创新系统耦合协调度评价及时空特征分析 [J]. 国家教育行政学院学报，2020（3）: 15 – 25.

3.3 产学研耦合共生网络稳定性恢复的
控制机理

产学研耦合共生网络作为具有开放性和复杂性的网络系统，其具有显著的自组织特征。[①] 当具有自组织性的耦合共生网络的稳定性出现波动时，需要产学研合作主体充分发挥各自创新要素的交互作用和调节反馈作用来降低内外部因素的干扰，并通过产学研合作辅助主体的调控行为引导产学研耦合共生网络恢复稳定性并可持续地稳定运行。具体而言，控制产学研耦合共生网络稳定性波动的关键在于产学研合作主体的高效协作和彼此约束。[②] 通过产学研合作主体间的高效协作能共同应对网络稳定性的波动；通过产学研合作主体间的彼此约束能最大化地降低波动的影响效果，引导和保持网络的稳定运行。此外，对网络稳定性波动的控制也需要作为产学研合作辅助主体政府的辅助作用。在产学研合作过程中，政府通过规范和调控产学研合作主体的创新活动，既能为产学研合作主体高效应对外部干扰提供协助作用，又能减缓网络稳定性的起伏波动，助推网络回归和保持稳定性。[③]

3.3.1 产学研耦合共生网络稳定性恢复的控制实质

具有自组织特征和复杂系统特征的产学研耦合共生网络，其网络运行在不存在外界干扰的情况下可以基于产学研合作主体各种要素的资源耦合实现稳定运行。[④⑤] 但是当网络运行出现起伏波动时，就需要在产

① 段云龙，乐念，王墨林. 产学研区域共生系统协同创新效率研究 [J]. 中国科技论坛，2019 (7)：34-43.

② 刘筱. 产学研协同创新驱动机制建构路径解析 [J]. 教育评论，2020 (1)：70-76.

③ 李林，王艺，贾佳仪. 产学研协同创新项目成功度研究——基于政府介入和利益分配方式的协同作用 [J]. 湖南大学学报 (社会科学版)，2020，34 (1)：49-57.

④ CHEN W, SHEN Y, WANG Y N. Evaluation of economic transformation and upgrading of resource-based cities in Shaanxi Province based on an improved TOPSIS method [J]. Sustainable cities and society，2018，37：232-240.

⑤ 卢杰. 潍坊市蓝色经济发展战略分析 [D]. 济南：山东师范大学，2013.

学研合作主体的要素交互协作和产学研合作辅助主体的调控规范的共同作用下引导网络恢复有序和稳定运行。

在产学研耦合共生网络运行的过程中，除了离不开技术、信息和知识等耦合资源的流动，还离不开反馈调节的过程。反馈调节是网络有序和稳定运行的必要过程。① 在反馈调节的过程中，产学研耦合共生网络能对外部环境的刺激进行高效应对和自我调节，从而降低起伏波动导致的负面影响，恢复网络的稳定运行。基于反馈在网络系统中发挥的作用方向，反馈包括正向反馈和负向反馈。网络运行的理想状态是，产学研合作主体基于正向反馈的指引，资源要素高度耦合，合作创新主体实现共赢，进而推动网络稳定运行。② 当网络受到外部环境刺激和干扰时，网络运行失去了稳定性，这时会形成负向反馈作用驱动产学研合作主体协同应对，引导网络恢复稳定运行。③④ 因此，当产学研耦合共生网络的运行出现起伏波动状况时，通过反馈调节能促进产学研合作主体资源的高效耦合和互动，以应对外部干扰，最终控制网络的起伏波动，恢复网络的稳定运行。

3.3.2　产学研耦合共生网络稳定性恢复的控制主体

当产学研耦合共生网络的运行出现起伏波动的时候，网络主体通过交互作用、约束和协同，引导网络恢复稳定运行。⑤ 通常而言，产学研耦合共生网络稳定性恢复的控制主体包括产学研合作的创新主体和辅助主体，其中辅助主体又包括政府、金融中介机构和科技中介机构。

从产学研合作创新主体的视角来看，企业、高校和研究机构是产学

① 海婷婷. 产学研协同创新知识产权冲突与协调机制研究 [D]. 郑州：郑州大学，2017.

② 于晓虹，楼文高. 低维逐次投影寻踪模型及其应用 [J]. 统计与决策，2019，35 (14)：83 – 86

③ 曹霞，于娟. 联盟伙伴视角下产学研联盟稳定性提升路径——理论框架与实证分析 [J]. 科学学研究，2016，34 (10)：1522 – 1531.

④ 王兰. VC-E 合作治理机制与技术创新绩效关系研究 [D]. 重庆：重庆大学，2012.

⑤ 黄溶冰. 资源型城市产业转型中的熵与自组织 [J]. 哈尔滨工业大学学报 (社会科学版)，2006，8 (5)：64 – 68.

研合作创新的直接参与者，创新主体之间的合作创新表现出关联性、协同性和约束性。① 产学研合作的创新主体通常通过事先制定合作约束措施实现对创新主体的约束，最大限度地降低机会成本，协调彼此之间的矛盾和冲突，进而实现网络的稳定运行。

从产学研合作创新辅助主体的视角来看，尽管辅助主体不是产学研合作创新的直接主体，但通过为产学研合作创新主体提供的政策服务、金融服务和中介服务等服务，助推网络的稳定运行。② 例如，政府为产学研合作创新主体提供法规支持、政策引导和激励、资金扶持等各种服务，高效地减少产学研合作主体的矛盾和冲突，最大化地降低合作创新的交易成本和机会成本，推动网络的有序和稳定运行。

3.3.3 产学研耦合共生网络稳定性恢复的控制过程

产学研耦合共生网络稳定性出现起伏波动的原因在于产学研合作主体间产生了冲突和矛盾。在网络运行的过程中，当产学研合作主体间主要表现为合作行为时，网络在正向反馈的调节和激励下，恢复稳定运行。③④ 当产学研合作主体间主要表现为冲突行为时，网络稳定性出现起伏波动，可以通过负向反馈来降低机会成本和主体间的冲突，减缓网络的起伏波动，逐渐恢复网络的稳定运行。⑤⑥ 当产学研合作主体间的冲突行为和合作行为旗鼓相当时，就需要正向反馈和负向反馈的交互作用，共同促进网络的稳定运行和可持续发展。

---

① 陈志平. 产学研协同创新的稳定性分析 [D]. 沈阳：辽宁大学，2015.

② 蒋伏心，胡潇，白俊红. 产学研联盟的形成路径与稳定性研究 [J]. 上海经济研究，2014（8）：57 – 66.

③ 邵云. 公司治理机制、技术创新与企业绩效的关系研究 [D]. 青岛：中国海洋大学，2013.

④ 高强，王会艳，谢家平. 网络关系治理机制对创业企业绩效的影响 [J]. 大连民族大学学报，2020，22（2）：140 – 145.

⑤ 陶丹，胡冬云. 产业集群背景下的产学研协同创新运行机制研究——以重庆电子信息产业为例 [J]. 科技管理研究，2013（22）：167 – 171.

⑥ Bstieler L, Hemiert M. The effectiveness of Klational and contractual governance in new product development collaborations：evidence from Kowa [J]. Technovation，2015，45（6）：29 – 39.

3.4　本章小结

本章从稳定性形成的主体协同机理、稳定性波动的运作机理和稳定性恢复的控制机理三个维度剖析产学研耦合共生网络稳定性的演化机理。其中，稳定性的主体协同机理体现在动力和行为两个方面；稳定性波动的运作机理体现在外部环境扰动刺激和内部扰动刺激两个方面；稳定性恢复的控制机理体现在控制实质、控制主体和控制过程三个方面。

第4章　产学研耦合共生网络稳定性的影响因素

在科技革命迅猛发展的 21 世纪，产学研协同创新合作是促进科技发展的全新驱动力量，是推动我国综合国力提升的关键因子。[①] 产学研耦合共生网络这一概念的提出为产学研协同创新合作研究提供了全新视角。不少学者已经对产学研耦合共生网络以及其稳定性展开了探索。明德鲁塔（Mindruta）认为，影响产学研合作的稳定性因素不仅来自技术层面，更多的是诸如文化或沟通层面的软实力，其余还包括一些监督和治理层面的因素。朱桂龙等则将产学研合作、创新以及网络组织的含义互相整合起来，并提出了产学研合作创新网络组织的定义，介绍了其特点和优势。冯峰等利用小世界网络模型，主要分析了产学研的网络结构特征，并给出了促进其合作沟通的方法策略，以期达到产学研合作创新绩效最大化。张雷勇等将共生理论融入产学研合作网络的理论研究当中，并就此提出了产学研共生网络的概念，还展示了如何利用产学研共生网络的概念来指导产学研合作活动。[②] 针对现有研究可以发现，对产学研耦合共生网络研究目前呈现出以下特点。第一，产学研合作的根本目的是满足各方耦合共生的需求，而现有研究缺乏从耦合共生的视角追踪产学研合作稳定性的影响因素。第二，由于研究视角与区域等方面存

---

① 周新德. 契约治理、关系治理和家族企业治理模式选择 ［J］. 求索，2008，6：60 - 61.

② 潘水洋，黄昊. "一带一路" 下中国企业战略联盟信任机制设计——基于演化博弈论的视角 ［J］. 现代管理科学，2017（3）：33 - 35.

在差异，部分现有的研究结论存在争议。例如，劳森（Lawson）提出，地理距离较近能够刺激产生相似的语言、技术态度和解决问题的方案，这对维护稳定的产学研耦合共生网络关系起到促进作用。而曹霞利用生存分析法证明地理距离对产学研耦合共生网络稳定性的推动作用并不显著。鉴于此，本章理论剖析共生亲密度、文化耦合、背叛代价、锁定程度、地理距离以及经济发展对产学研耦合共生网络稳定性的影响，并进行实证分析。研究发现，共生亲密度、文化耦合、背叛代价、锁定程度以及经济发展对产学研耦合共生网络的稳定性均起到促进作用，而地理位置与产学研耦合共生网络的稳定性相关但不具备直接影响。基于实证分析结果，提出提升产学研耦合共生网络稳定性的对策建议。

4.1　产学研耦合共生网络稳定性影响因素的研究假设

产学研耦合共生网络是企业、高校与科研机构为了生存和发展的需要，彼此之间按照特定的模式形成的一种不发生非计划性变动的网状耦合系统，这一系统的形成能够帮助各方完成各自独立时无法完成的目标。[①] 而产学研耦合共生网络的稳定性是产学研各方通过长久的合作与沟通形成的一种相互依赖的共生力量，这种共生力量能够促进合作各方保持高度的"结合"，从而实现共生目标。[②] 基于文献梳理发现，产学研耦合共生网络稳定性受共生亲密度、文化耦合、背叛代价、锁定程度、地理位置及经济发展等因素的共同影响。

4.1.1　共生亲密度

共生亲密度是指产学研各方在彼此贡献和合作之后能够达到的依附

[①]　孙妍妍，王斌. 生物医药产业技术创新战略联盟核心机制——信任机制、知识产权保护与政府支持［J］. 中国高新技术企业，2016（29）：3 – 5.
[②]　刘窈君，杨艳萍. 中国粮食产业产学研合作网络的结构特征与动态演化［J］. 华中农业大学学报（社会科学版），2022（4）：62 – 75.

程度。共生亲密度越高，共生单元之间较为深入的直接联系就越多，那么互相的信任程度就会变高，从而使产学研耦合共生网络更加稳定。[①]首先，共生亲密度高能够使共生单元之间的信息流动性增强，进而提高相互之间的知识转移效率。其次，产学研各方联系越紧密，则参与技术创新的程度和活跃度都会越高。最后，共生亲密度越高，共生单元之间彼此越熟悉，越有利于形成一致的战略目标，这对产学研耦合共生网络的稳定性能够起到一定的正向促进作用。综上所述，本章提出以下假设。

H4 - 1：共生亲密度对产学研耦合共生网络稳定性具有正向影响。

4.1.2 文化耦合

文化是推动知识对接时不可或缺的要素之一。产学研各方需要经历一段时间的探索过程，最终才能形成创新型成果，但这个过程是曲折复杂的，需要协同一致的思想和文化价值作为精神支撑。[②]因此，文化耦合对于维护产学研耦合共生网络的稳定状态十分重要。然而现有研究表明，学研方和企业方作为不同的组织结构，其文化价值各自呈现出不同的特征：学研方侧重于学术的自由探索，其市场意识相对来讲淡薄一些；企业方则更看重对商业利润的追求，其更关心创新产出成果的商业性与实用性。因此，如果两方文化耦合程度不高，则在进行知识对接时容易发生知识失真的现象或给知识传递过程中造成某种程度的模糊性。而对于文化耦合度高的产学研组织来讲，其知识的传递会变得相对高效，知识流动也会更加顺畅，从而能够保证产学研耦合共生网络的稳定性。综上所述，本章提出以下假设。

H4 - 2：文化耦合对产学研耦合共生网络稳定性具有正向影响。

4.1.3 背叛代价

产学研合作主体如果背叛产学研耦合共生网络，则会付出相应的代

---

① 孙玉涛，张一帆. 产学研合作网络演化的异质性机制——以北京为例 [J]. 科研管理，2020，41（9）：113 - 122.

② 张艺，孟飞荣，朱桂龙. 海洋战略性新兴产业的产学研合作网络：特征、演化和影响 [J]. 技术经济，2019，38（2）：40 - 51.

价。其中有的表现为信誉受损，有的表现为利益受损，再或者是两者兼有。① 本章认为，背叛代价越高，产学研耦合共生网络稳定性越强。首先，当背叛代价表现为信誉受损时，背叛者出于考虑到如果背叛网络，以后就很难再参与其他信誉度要求较高的网络中去，所以不会选择背叛，即产学研耦合共生网络表现为稳定。其次，当背叛代价表现为利益受损时，背叛者出于考虑到背叛共生网络的受损成本高于维护网络的所得收益，将不会选择背叛，即产学研耦合共生网络表现为稳定。最后，当背叛代价表现为两者兼有时，背叛者通常会选择维护共生网络，此时，产学研耦合共生网络呈现出一种稳定状态。综上所述，本章提出以下假设。

H4 – 3：背叛代价对产学研耦合共生网络稳定性具有正向影响。

4.1.4 锁定程度

在产学研耦合共生网络中，如果各共生单元可以多路径选择合作伙伴，则说明此耦合共生网络的锁定程度不高，反之则高。② 目前研究主要集中认为锁定程度通常与企业方或学研方的高度专用资产投资有关。高度专用资产投资越多，说明前期投入的沉没成本越多。从人的心理角度上来讲，投入的成本越多人们就越不愿退出，以期获得应有的收益。③ 当耦合共生单元都不愿退出共生网络时，耦合共生网络是稳定的。另外，有实证研究表明，选择合适的合作伙伴是产学研结合的基础，这有利于耦合共生单元之间互相锁定，避免随时都有可替代的合作伙伴出现，从而能够使产学研耦合共生网络达成长期合作，进而促进网络趋于稳定。由此可见，锁定程度体现在专用资产投资和选定合适的伙伴之间，进而影响产学研耦合共生网络的稳定性。综上所述，本章提出以下假设。

① 刘嘉楠，张一帆，孙玉涛等. 我国创新体系建设的路径选择——产学研合作网络演化进程及连接模式 [J]. 价格理论与实践，2018（12）：155 – 158.

② 李晓庆. 广西先进制造业与生产性服务业共生特征及其空间关系研究 [D]. 桂林：桂林理工大学，2019.

③ 郭颖，段炜钰，孟婧等. 中国科学院产学研合作网络特征对其科技成果转化绩效的影响 [J]. 中国科技论坛，2022（5）：81 – 89.

H4-4：锁定程度对产学研耦合共生网络稳定性具有正向影响。

4.1.5　地理位置

学术界关于合作方之间地理位置对产学研耦合共生网络稳定性的影响一直是研究热点之一。胡杨认为，较近的地理位置有利于共生单元之间形成紧密的互动关系，能够使隐性知识的相互传递更顺畅。曹霞在实地访谈中获知虽然现在通信技术日趋发达，但受访者们仍然认为地理距离的远近会影响他们之间的交流。陈光华综合相关文献的分析发现，随着地理距离逐渐变远，知识的隐性程度会不断地增加，同时会放大信息不对称等现象，这将影响产学研耦合共生网络的稳定性。因此可以看出，即便通信、网络等技术是发达的，但更多人认为面对面的交流更有利于知识的转移与合作的开展，这是由于合作各方不仅要交流显性知识，而且要进行隐性知识的沟通。综上所述，本章提出以下假设。

H4-5：地理位置对产学研耦合共生网络稳定性具有显著正向影响。

4.1.6　经济发展

良好的经济发展是产学研耦合共生网络表现为稳定的经济基础。[①]首先，经济发展得较快的地区拥有更为雄厚的资金力量，能够为产学研耦合共生网络谋得更多的资金支撑，这有利于一系列产学研耦合共生网络协同创新活动的顺利开展。[②]其次，经济发展水平的提升会带动科技发展水平的提升，人们会更加重视对于科技创新型人才的培养，从而给产学研耦合共生网络注入更优质的人力资源与合作团队。最后，产学研协同创新优秀的区域还会反过来带动当地的经济发展和产学研协同创新态势，由此形成良性循环。国家经济水平的不断壮大会给产学研耦合共生网络的方方面面都提供强大的力量，而经济水平不发达的区域会受到

---

① 张雷勇，冯锋，肖相泽等. 产学研共生网络：概念、体系与方法论指向［J］. 研究与发展管理，2013，25（2）：37-44.

② 郭晗，任保平. 经济发展方式转变的路径依赖及其破解路径［J］. 江苏社会科学，2013（4）：70-75.

有形或无形的各方面的限制，使得产学研耦合共生网络表现出不稳定趋势。并且，我国东部地区的产学研耦合共生网络协同创新水平高于中西部地区，这种差异与我国经济发展的区域差异比较吻合。综上所述，本章提出以下假设。

H4 - 6：经济发展对产学研耦合共生网络稳定性具有正向影响。

4.2　产学研耦合共生网络稳定性影响因素的实证分析

4.2.1　数据收集

本章所收集的数据主要来源于问卷调研。根据对产学研耦合共生网络的定义，凡参与过油气资源型城市产学研合作活动的科研机构、企业、高等院校都可作为调查对象。为了能设计出一份合理的调研问卷，本书参考国内外现有的成熟题项，在与正在进行产学研合作的组织机构积极交流后，得到了他们对相关问题的理解，根据他们的建议对问卷的题项加以修改，并与专家进行了探讨，最后将修改后的问卷反馈给正在进行产学研合作的组织机构，得到了基本的认同，最终形成了正式版的调查问卷。本章调查问卷采用的是李克特五级量表的形式。

问卷调查通过现场填写和网上填写两种方式实施。两种方式共发放问卷 270 份，回收 234 份，回收率 86.7%。剔除信息填写明显错误问卷、题项回答不完整问卷及其他无效问卷后，有效问卷为 158 份，占回收问卷的 67.5%。本章中被调研的人员为高校和科研院所中的研发人员和中高层管理人员，他们是产学研创新活动中的核心力量，并且相对更加了解合作创新过程中的基本流程和情况。其中，研发人员占比58%，中高层管理人员占比 42%。

4.2.2　信度与效度检验

信度和效度的检验是问卷调查中不可缺少的一环，检验的目的是保证假设验证结论的有效性。[①②] 其中，信度检验的目的在于体现问卷调查样本数据是否稳定和一致；效度检验的目的在于验证样本数据是否有效。本章的信度检验运用克隆巴赫系数法；效度检验运用验证性因素分析。

量表的信度和效度分析结果见表 4 - 1。可以看出，各变量的 α 值均大于 0.7，这说明所有的样本变量都具有良好的信度。各变量的 KMO 值都大于 0.8 且 Sig. 小于 0.001，表明样本量具备因子分析的可行性。综上所述，各样本变量测量量表的信度和效度都符合样本数据分析的要求，可以继续进行后续的实证分析。

表 4 - 1　　　　　　　　变量的信度和效度检验

变量	题项序号	α 值	综合 α 值	KMO 值	Sig.
X_1	共生模式契合度（X_{1a}） 共生关系满意度（X_{1b}） 信任程度（X_{1c}） 交流频率（X_{1d}）	0.832 0.713 0.863 0.956	0.831	0.835	0.000
X_2	目标文化（X_{2a}） 愿景文化（X_{2b}） 价值观文化（X_{2c}） 管理文化（X_{2d}）	0.937 0.798 0.712 0.862	0.845	0.819	0.000
X_3	信誉代价（X_{3a}） 利益代价（X_{3d}）	0.913 0.906	0.898	0.884	0.000
X_4	专用资产投资（X_{4a}） 合作伙伴互补性（X_{4b}）	0.732 0.851	0.791	0.865	0.000
X_5	地理距离（X_{5a}）	0.916	0.916	0.842	0.000
X_6	GDP（X_{6a}）	0.901	0.901	0.839	0.000

4.2.3　相关性分析

为了了解共生亲密度、文化耦合、背叛代价、锁定程度、地理位

---

①　李明星，苏佳璐，胡成等. 产学研合作创新绩效影响因素元分析研究 [J]. 科技进步与对策，2020，37（6）：61-69.

②　雷志梅. 基于知识元的产业经济风险扩散复杂网络模型研究 [D]. 大连：大连理工大学，2018.

置、经济发展与产学研耦合共生网络稳定性的相关关系，本章进行了相关性分析，分析结果见表 4-2。

表 4-2　　　　　　　　　各变量之间的相关性分析结果

变量	X_1	X_2	X_3	X_4	X_5	X_6	X_7
X_1	1						
X_2	0.831**	1					
X_3	0.526*	0.547*	1				
X_4	0.723**	0.719**	0.529*	1			
X_5	0.439*	0.762**	0.516*	0.546*	1		
X_6	0.518*	0.689**	0.638**	0.649**	0.462*	1	
X_7	0.534*	0.593*	0.597*	0.781**	0.698**	0.764**	1

注：＊表示在 0.05 水平（双侧）显著；＊＊表示在 0.01 水平（双侧）显著。

通过表 4-2 可以得出，各变量之间均呈现出显著性（P < 0.05），并且相关系数值均高于 0.4，说明各变量之间均有着紧密的正相关关系。但相关分析仅在研究变量之间是否有关系以及关系强度如何，并不能看出有没有影响关系以及影响关系如何，因此，本章接着采用回归分析来进行更加深入的研究。

4.2.4　回归分析

本章实证研究模型设计如下：

$$Y = \beta_1 \times X_{1a} + \beta_2 \times X_{1b} + \beta_3 \times X_{1c} + \beta_4 \times X_{1d} + \varepsilon_1 \quad (4-1)$$

$$Y = \beta_1 \times X_{2a} + \beta_2 \times X_{2b} + \beta_3 \times X_{2c} + \beta_4 \times X_{2d} + \varepsilon_2 \quad (4-2)$$

$$Y = \beta_1 \times X_{3a} + \beta_2 \times X_{3b} + \varepsilon_3 \quad (4-3)$$

$$Y = \beta_1 \times X_{4a} + \beta_2 \times X_{4b} + \varepsilon_4 \quad (4-4)$$

$$Y = \beta_1 \times X_{5a} + \varepsilon_5 \quad (4-5)$$

$$Y = \beta_1 \times X_{6a} + \varepsilon_6 \quad (4-6)$$

其中，Y 代表产学研耦共生网络的稳定性；β 代表模型相对应的回归系数；ε 代表各模型的随机误差。

模型（4-1）是验证共生亲密度与产学研耦合共生网络稳定性之

间影响关系的回归方程；

模型（4－2）是验证文化耦合与产学研耦合共生网络稳定性之间影响关系的回归方程；

模型（4－3）是验证背叛代价与产学研耦合共生网络稳定性之间影响关系的回归方程；

模型（4－4）是验证锁定程度与产学研耦合共生网络稳定性之间影响关系的回归方程；

模型（4－5）是验证地理位置与产学研耦合共生网络稳定性之间影响关系的回归方程；

模型（4－6）是验证经济发展与产学研耦合共生网络稳定性之间影响关系的回归方程。

各变量对产学研耦合共生网络稳定性的回归系数情况见表4－3。

表4－3 各变量对产学研耦合共生网络稳定性的回归系数

变量	非标准化系数		标准化系数	T	Sig	共线性统计量		R^2
	B	标准误差	Beta			容忍度	VIF	
常量（M_1）	2.036	0.157		8.195	0.000			
X_{1a}	0.019	0.048	0.026	1.162	0.000	0.412	2.765	
X_{1b}	0.168	0.056	0.194	5.264	0.000	0.487	2.468	0.509
X_{1c}	0.157	0.034	0.178	0.649	0.000	0.435	2.561	
X_{1d}	0.243	0.041	0.346	0.843	0.000	0.438	2.168	
常量（M_2）	1.883	0.29		6.319	0.000			
X_{2a}	0.256	0.054	0.294	3.192	0.000	0.516	1.468	
X_{2b}	0.315	0.091	0.314	3.016	0.000	0.412	1.598	0.416
X_{2c}	0.325	0.018	0.267	3.194	0.000	0.598	2.498	
X_{2d}	0.137	0.128	0.194	3.894	0.000	0.597	1.168	
常量（M_3）	1.732	0.32		6.198	0.000			
X_{3a}	0.269	0.069	0.294	4.168	0.000	0.543	4.136	0.508
X_{3b}	0.324	0.068	0.319	3.164	0.000	0.498	2.164	
常量（M_4）	1.568	0.286		7.226	0.000			
X_{4a}	0.364	0.169	0.319	4.689	0.000	0.492	2.661	0.492
X_{4b}	0.459	0.064	0.542	2.691	0.000	0.451	2.139	

变量	非标准化系数		标准化系数	T	Sig	共线性统计量		R²
	B	标准误差	Beta			容忍度	VIF	
常量（M_5）	1.236	0.561		0.941	0.000			0.512
X_{5a}	0.062	0.066	0.059	0.968	0.346	0.264	3.152	
常量（M_6）	2.168	0.419		6.146	0.000			0.436
X_{6a}	0.621	0.419	0.592	6.146	0.000	0.359	2.721	

由表 4-3 可知，首先，多重共线性检验的容忍度均大于 0.1，VIF 值均小于 5，因此，不存在多重共线性，模型较好。其次，模型 5 的 Sig. 值为 0.346，大于 0.05，没有统计学意义。其他模型的 Sig. 值均在 <0.01 的水平，意味着除了"地理位置"之外，其他 5 个因素都对产学研耦合共生网络稳定性产生正向促进作用。最后，在所有影响因素中，标准化系数值越高影响程度越大。

4.3　产学研耦合共生网络稳定性影响因素的研究结论

随着当今社会对科技创新的要求不断提高，科技创新和培养科技创新型人才已经成为人们密切关注的问题之一。[①] 产学研耦合共生网络的出现在某种程度上加快了科技资源的利用效率，解决了信息资源不平衡等问题。从理论上来说，产学研耦合共生单元之间的合作活动能够帮助各耦合共生单元充分利用各自的优势，获得独立运行时无法获得的收益。但实际上，在进行产学研耦合共生活动时，由于各耦合共生单元之间沟通协作、目标文化、利益分配等问题的存在，使得产学研耦合共生网络并不一定十分稳定。因此，要想充分利用产学研耦合共生网络这一创新合作形式加快当今社会科技的进步，必然要深入探寻其中影响产学

---

① 李培凤. 不同省域政产学研合作体系的耦合效应比较 [J]. 科技管理研究，2018，38（9）：99-103.

研耦合共生网络稳定性的因素。本章通过相关性分析和回归分析探索了共生亲密度、文化耦合、背叛代价、锁定程度、地理位置以及经济发展与产学研耦合共生网络稳定性的相关关系和影响关系，得出研究结论如下。

第一，共生亲密度对产学研耦合共生网络稳定性起促进作用。一般来说，共生亲密度越高，共生单元之间彼此越熟悉，所以默契度、共生模式契合度、信任度、沟通度等越良好，进而使得共生网络之间呈现出一种稳定的趋势。

第二，文化耦合对产学研耦合共生网络稳定性起促进作用。在任何一个产学研耦合共生网络中，文化的耦合相当于给网络内部设置了一个防御系统，当外部环境发生变化，即将影响网络稳定性时，这一防御系统能够迅速作出反应，调整策略并应对挑战，维护产学研耦合共生网络的稳定状态。

第三，背叛代价对产学研耦合共生网络稳定性起促进作用。从共生单元通常追求自身利益最大化的视角考虑，共生单元选择是否背叛共生网络的原则之一是背叛代价是否过高，如果背叛代价是共生单元所不能承受的，则共生单元不会选择背叛共生网络，那么此时产学研耦合共生网络便趋于稳定。

第四，锁定程度对产学研耦合共生网络稳定性起促进作用。一方面，高度专用资产投入得越多，说明改变原有资产的转换成本越高，于是进入该产学研耦合共生网络的门槛越高，退出也越难。该共生网络的锁定程度较高，合作的稳定性较高。另一方面，合作伙伴的互补性越强，共生单元之间沟通交流的成本就越低，额外需要磨合的时间越少，能够使得该共生网络在知识协同合作活动中产生默契和配合，从而形成锁定状态，进而使得产学研耦合共生网络趋于稳定。

第五，地理位置与产学研耦合共生网络稳定性相关但不具有直接影响，H4-5未得到验证。一方面，企业方优先考虑的还是学研方的科研实力，学研方优先考虑的还是企业方的市场洞察力，如果必须面临选择，那么地理位置排在能力之后。另一方面，地理位置临近不代表认知临近和制度临近，以上两种非空间维度的临近通常会因为地理位置的接近而得到增加，但不代表地理位置的临近对产学研耦合共生网络的稳定性具有直接影响关系。

第六，经济发展对产学研耦合共生网络稳定性起促进作用。经济的快速发展是产学研耦合共生网络趋于稳定的外部因素之一。经济发展较快的城市或地区能够给产学研耦合共生网络提供较为容易生存的土壤环境，甚至能够激励不同性质的企业积极开展产学研知识协同活动，以促进产学研耦合共生网络持续长远稳定的发展。

4.4　产学研耦合共生网络稳定性的提升建议

针对上述研究结论，本章提出产学研耦合共生网络稳定性的提升建议如下。

第一，积极应对合作项目，共建共生亲密关系。企业、高校、科研机构相互积极配合，增进彼此之间认可度和配合度，减少职责不明确、态度不积极导致的共生亲密关系不稳定是当下产学研合作的重点。[1] 在合作期间，学研方要不断地提升自身价值，为企业送去更多优质的技术和人才，不断在学术和科研方面作出成绩；企业方要对高校和科研院所进行理性投资，帮助他们解决科学研究中遇到的资金问题，加大持续创新的可能性。同时，要顺应时代的变化，努力对时代的发展作出回应，将市场的有效信息及时反馈给学研方，使得学研方有更加清晰的方向。因此，学研方和企业方必须以积极的态度面对产学研合作活动，并建立亲密关系，才能使产学研耦合共生网络稳定发展。

第二，定期开展论坛，促进文化交流。在产学研耦合共生网络中，耦合共生单元彼此之间不仅要注重显性的异质文化交流，而且要注重隐

---

[1]　张艺，许治，朱桂龙. 协同创新的内涵、层次与框架［J］. 科技进步与对策，2018，35（18）：20 – 28.

性的异质文化融合。隐性的异质文化包括无须通过明文规定或显而易见的标识就能够对人们的行为加以约束的物质文化和制度文化等。产学研耦合共生网络如果要培养共生单元的隐性异质文化，就必须培养各耦合共生单元的共同行为和思考模式，那么定期开展论坛就显得尤为重要。在论坛开展进行中，耦合共生单元可以各抒己见，一方面，应让学研方懂得商业合作模式和市场运行规则；另一方面，应让企业方懂得科学研究秩序和技术创新流程。使得耦合共生单元形成真正的文化融合型合作伙伴，促进产学研耦合共生网络的稳定运行。

第三，合理分配利益，引入中介机构，提高背叛成本。由于背叛代价可以分为利益代价和信誉代价两种。利益代价方面，应通过采取合理的利益分配方式，使得共生单元各取所需，都能在合作中获得合理的收益。同时要保证学研方和企业方收益的对称性，保证各方实现"共赢"，使得每个耦合共生单元都能够获得各自独立活动时无法拥有的收益。信誉代价方面，可以采取引入中介机构的方式。中介机构的作用之一就是在充分调研的基础上提供各耦合共生单元的基本信息，这能够让那些本想选择背叛耦合共生网络的背叛者们为了不受失信惩罚，而选择维护产学研耦合共生网络的稳定性。

第四，选择互补伙伴，锁定共生单元。在产学研耦合共生网络组成之前，各耦合共生单元应该全方位地了解合作伙伴。选择伙伴时能力是一方面，但更重要的是其能否为自己所用，能否与自身的科研水平、技术能力相匹配。合作伙伴只有相互需要才能主动去满足彼此的需求。另外，从社会层面上来说，选择互补伙伴也能够有效避免资源浪费、资源不适配等问题的出现。选择与自身实力相匹配的互补伙伴能够降低沟通成本，增加耦合共生网络的黏性，从而锁定共生单元，实现产学研耦合共生网络稳定性。

第五，注重对其他非空间维度的临近构建。地理位置的临近有利于促进其他非空间维度临近的效度，而单独地理位置的临近则并不能完全促进产学研之间的合作交流效度。因此，当地理位置还没有确定时，耦合共生单元应优先考虑合作方的能力和优势互补性，而后考虑地理位置临近性；当地理位置已经确定时，各共生单元则应针对其他非空间维度的临近作出构建，并加以实施。

第六，与经济互动共赢，形成良性循环。经济环境是产学研耦合共生网络需要考虑的外部因素之一。经济环境的改变对于产学研耦合共生网络来讲既是挑战也是机遇，产学研耦合共生网络需要时刻根据经济环境的变化对自身进行及时的调整。产学研耦合共生网络需要学会借助经济发展带来的力量乘势而上，与经济协同发展，甚至形成良性循环，这样才有助于产学研耦合共生网络的稳定发展。

4.5　本章小结

本章实证探究产学研耦合共生网络稳定性的影响因素。理论剖析共生亲密度、文化耦合、背叛代价、锁定程度、地理距离以及经济发展对产学研耦合共生网络稳定性的影响，并进行实证分析。研究发现，共生亲密度、文化耦合、背叛代价、锁定程度以及经济发展对产学研耦合共生网络的稳定性均起到促进作用，而地理位置与产学研耦合共生网络的稳定性相关但不具备直接影响。因此，产学研耦合共生网络稳定性的提升对策包括以下六个方面：积极应对合作项目，共建共生亲密关系；定期开展论坛，促进文化交流；合理分配利益，引入中介机构，提高背叛成本；选择互补伙伴，锁定共生单元；注重对其他非空间维度的临近构建；与经济互动共赢，形成良性循环。

第5章 油气资源型城市产学研耦合共生网络稳定性的实现路径

产学研耦合共生网络以技术和知识为纽带，由产业内优势企业、高校和研究机构所组成，是一种新型的开放共享、合作共赢的服务模式。[①] 稳定的产学研合作能够促进知识和技术的整合与传播，产学研耦合共生网络稳定性是油气资源型城市实现战略目标和可持续发展的必要条件。因此，油气资源型城市产学研耦合共生网络可能通过何种路径实现其网络的稳定有效运行，成为当前亟须研究和解决的重要问题。

本章运用投影寻踪模型和多重中介模型实证分析了油气资源型城市产学研的主体特征对其网络稳定性的影响，以及协同创新与环境整合在两者之间的中介作用。基于实证结果，提出在产学研主体兼容和主体冲突两种情况下油气资源型城市产学研耦合共生网络稳定性的两条实现路径，并提出相关政策建议。

5.1 油气资源型城市产学研耦合共生网络稳定性实现路径的研究假设

5.1.1 产学研主体特征与油气资源型城市产学研耦合共生网络稳定性

油气资源型城市产学研耦合共生网络的主体特征表现为网络主体的

---

① 李焱. 中国装备制造业技术创新与全球价值链升级的系统耦合研究 [D]. 大连：大连理工大学，2019.

资源耦合、目标耦合、知识耦合以及文化耦合，这特征共同促进产学研
耦合共生网络的稳定发展。油气资源型城市网络主体间的资源耦合，包
括技术、设备、工艺及资金等互补性资源，大大增强了主体间的依赖
性，利于产学研耦合共生网络的稳定。主体间的目标耦合体现在主体目
标兼容性，有共同愿景的产学研主体更有利于信息沟通、加强信任以及
进行有效决策，维持产学研耦合共生网络稳定。拥有不同的知识体系是
企业、高校和研究机构能够开展有效合作的关键，在知识的吸收和应用
上实现兼容，产学研各方进行互补和互学，减少合作过程中的冲突和差
异，从而保持稳定的合作关系。同时，主体间的文化耦合有利于产学研
间合作渠道的多元化，使油气资源型城市产学研主体增加获取资源的途
径，商业文化和科技文化的融合也增进彼此间的信任感，有利于维护产
学研耦合共生网络的稳定。基于以上分析，本章提出以下假设。

H5 - 1：产学研主体特征对油气资源型城市产学研耦合共生网络稳
定性具有积极影响，即产学研耦合共生网络主体特征越显著，越有利于
网络稳定性的提升。

5.1.2　协同创新的中介作用

协同创新是一种新型产学研合作组织方式。企业、高等院校和科研
机构作为三大核心主体相互依靠、相互融合，加大合作化程度，积极开
展大规模、大跨度的资源整合，同时政府和金融机构等作为产学研耦合
共生网络环境中的第三方，辅助各主体进行知识、技术、资源以及文化
的相互交流、借鉴和吸收。[①] 协同创新具有一定的整体性和动态性，协
同创新既是产学研共生环境各个要素的有机结合，也是随科技成果更新
而不断变化的产业化活动。

在油气资源型城市产学研耦合共生网络中，主体的资源耦合、目标
耦合、知识耦合和文化耦合是产学研各主体深度合作、信息互惠和实现

---

① 刘文东，潘啸天，巴特. 基于博弈论的生态工业园产业耦合共生网络运行过程研究
[J]. 经济研究导刊，2020（11）：62 - 63 + 66.

最优同步的基础。油气资源型城市产学研耦合共生网络主体的特征通过互补和整合，使产学研各主体间的行为和联系变得更加紧密，有利于产学研各主体的互助和沟通，促进协同创新绩效的提高。基于上述分析，本章提出以下假设。

H5－2：产学研主体特征对协同创新具有积极影响，即产学研耦合共生网络主体特征越显著，协同创新效果越好。

良好的协同创新是油气资源型城市产学研耦合共生网络稳定发展的保障。[①] 首先，协同创新的整体性能够有效促进油气资源型城市产学研耦合共生网络形成稳定的创新团队。此外，协同创新能够帮助油气资源型城市产学研各创新主体更好地利用各自独有优势资源，减少产学研各主体间创新资源和技术要素的阻碍，充分实现其在资本、人才、科技以及信息资源等方面的深度耦合效应，促进最新技术在各主体间的推广应用和产业化步伐提升，进而有利于保障油气资源型城市产学研耦合共生网络的稳定运行。基于上述分析，本章提出以下假设。

H5－3：协同创新对油气资源型城市产学研耦合共生网络稳定性具有积极影响，即协同创新效果越好，越有利于油气资源型城市产学研耦合共生网络保持其稳定性。

基于 H5－2 和 H5－3，推演出协同创新在主体特征与油气资源型城市产学研耦合共生网络稳定性关系中起中介作用。

5.1.3　共生环境整合的中介作用

共生环境整合指在产学研合作过程中，通过资源融合、利益协调及要素突破加强对各个主体的管理和整合作用，为知识、技术、人力、能源等资源提供良好的共生网络环境。[②] 由于产学研主体特征具有资源耦合、目标耦合、知识耦合和文化耦合四大特性，因此，产学研耦合共生

---

① 盛永祥，周潇，吴洁等．产学研协同创新网络的耦合强度——协同创新中心的视角［J］．系统工程，2018，36（3）：141－145.

② 苏州．知识管理视角下产学研合作创新冲突分析与治理对策［J］．科技进步与对策，2018，35（24）：64－70.

网络本身即是一种互惠互利、合作共赢的运行模式。在此运行模式下，有利于油气资源型城市产业结构优化，实现经济和生态的可持续发展，能够更好地推动各主体间资源共享和协调互动，从而形成良好的共生环境。此外，产学研主体特征越显著，越有利于加强各主体间的信任意识、互助意识和自主意识，促进产学研各主体积极参与共生环境的管理和整合，从而有助于提高环境整合的效率和效果。基于上述分析，本章提出以下假设。

H5 - 4：产学研主体特征对环境整合具有积极影响，即产学研耦合共生网络主体特征越显著，环境整合效果越好。

由于产学研各主体来自不同的企业、高校和研究机构，往往可能因为文化环境不同、目标不一致、利益分配不均等问题，产生一定的矛盾和冲突，影响产学研各主体间的合作关系，威胁到油气资源型城市产学研耦合共生网络的稳定性。① 共生环境整合在产学研各主体间的矛盾和冲突中显得至关重要。积极的环境整合是油气资源型城市产学研耦合共生网络稳定发展的关键。油气资源型城市往往面临资源消耗、环境危机、产业结构单一等问题，需要通过对产学研共生环境的整合和管理，积极处理利益的分配和协调问题，实现各种信息、设备、资金、物质等要素的突破和不同主体间的资源整合，从而维持油气资源型城市产学研耦合共生网络的稳定有序运行。因此，共生环境整合促进了油气资源型城市产学研活动中资源、经济以及生态的协调统一，也提高了油气资源产业自身的内生力量和竞争力，有利于提高油气资源型城市产学研耦合共生网络的稳定性。基于上述分析，本章提出以下假设。

H5 - 5：环境整合对油气资源型城市产学研耦合共生网络稳定性具有积极影响，即环境整合效果越好，越有利于油气资源型城市产学研耦合共生网络保持其稳定性。

基于 H5 - 4 和 H5 - 5，可以推演出环境整合在主体特征与油气资源

① 温兴琦. 基于共生理论的创新系统结构层次与运行机制研究 [J]. 科技管理研究，2016, 36 (14)：1 - 5 + 11.

型城市产学研耦合共生网络稳定性关系中起中介作用。

5.2 实证模型

5.2.1 投影寻踪模型

为了确定高维数据的特征和结构，可以运用投影寻踪模型将高维数据投影到低纬度子空间上。[①] 通过投影寻踪实现数据的降维处理，排除大部分与结构无关的投影方向上数据的干扰，有助于自动找出数据间内在规律，这种较优的处理多元数据的方法分为以下四步。

（1）计算变量投影值 $z(i)$

$$z(i) = \sum_{j=1}^{p} a(j)x(i,j) \quad (i = 1,2,\cdots,n) \qquad (5-1)$$

其中，$a(j)$ 表示变量特征的投影方向，$x(i,j)$ 表示对第 i 个调查对象的第 j 个问题变量简单标准化处理的数据。

（2）建立投影指数函数 $Q(a)$

$$Sz = \sqrt{\frac{\sum_{t=1}^{n} [z(i) - Ez]^2}{n-1}} \qquad (5-2)$$

$$Dz = \sum_{i=1}^{n} \sum_{j=1}^{n} (R - r_{ij}) u(R - r_{ij}) \qquad (5-3)$$

$$Q(a) = SzDz \qquad (5-4)$$

在式（5-2）和式（5-3）中，$z(i)$ 的均值以 Ez 表示，局部密度窗口半径用 R 表示，各个样本之间的距离 $z(i) - z(j)$ 用 r_{ij} 表示，单位阶跃函数表示为 $u(t)$。式（5-4）表示投影指数函数 $Q(a)$ 即为 $z(i)$ 的标准差 Sz 与局部密度 $D(z)$ 之积。

---

① 张学林，张国祯. 基于社会资本的产学研合作创新超网络分析 [J]. 商业时代，2014 (1)：121-123.

（3）优化投影指标函数

数据的投影方向可以反映数据的结构特征，而最佳投影方向更多地出现在高维度数据的投影方向，因此，可利用投影指标函数最大值以估计数据的最佳投影方向，如式（5-5）所示。

$$\begin{cases} \max Q(a) = S_z D_z \\ s.t. \sum_{j=1}^{p} a^2(j) = 1 \end{cases} \qquad (5-5)$$

（4）优序排列

将上一步求得的结果代入式（5-1）求得各变量投影值 $z(i)$。$z(i)$ 的值由大到小表示样本的优劣。

5.2.2 多重中介模型

当实证分析过程中涉及两个或两个以上的中介变量时，就需要使用多重中介模型。单变量和链式中介模型都是多重中介模型的基础模型。[①] 本章对协同创新和共生环境整合两个中介变量进行研究，为了更好地分析协同创新 M_1 和共生环境整合 M_2 在自变量产学研耦合共生网络主体特征 X_1 与因变量油气资源型城市产学研耦合共生网络稳定性 Y_2 之间的中介效应及其之间的关系，选用多重中介模型进行回归分析，其方程如下：

$$Y = \tau X + \varepsilon_1 \qquad (5-6)$$

$$M_1 = \alpha_1 X + \varepsilon_2 \qquad (5-7)$$

$$M_2 = \alpha_2 X + \varepsilon_3 \qquad (5-8)$$

$$Y = \tau' X + \beta_1 M_1 + \beta_2 M_2 + \varepsilon_4 \qquad (5-9)$$

在式（5-6）~式（5-9）中，ε_1、ε_2、ε_3、ε_4 分别表示残差，τ、τ'、α_1、α_2、β_1、β_2 分别表示的估计系数。由此可以推算出式（5-10），即 X 对 Y 的总效应，以及式（5-11），即对总体中介效应检验：

---

① 张梦娟. 产学研合作创新网络演化及网络特征与主体创新绩效关系研究 [D]. 镇江: 江苏大学，2018.

$$\tau = \tau' + \alpha_1\beta_1 + \alpha_2\beta_2 \qquad (5-10)$$

$$\tau - \tau' = \alpha_1\beta_1 + \alpha_2\beta_2 \qquad (5-11)$$

多重中介模型的总体中介效应的显著性往往选择麦克奎根和朗霍尔茨（McGuigan & Langholtz）提出的统计量，采用 t 检验进行分析，如式（5-12）所示：

$$t_{N-2} = \frac{\tau - \tau'}{\sqrt{\sigma_\tau^2 + \sigma_{\tau'}^2 - 2\rho_{\tau\tau'}\sigma_\tau\sigma_{\tau'}}} \qquad (5-12)$$

在式（5-12）中，σ_τ 和 $\sigma_{\tau'}$ 分别表示 τ 和 τ' 的标准误差，$\rho_{\tau\tau'}$ 表示 τ 和 τ' 的相关系数。

由式（5-6）~式（5-9）计算出的估计系数可推算出协同创新和环境整合的中介效应大小，其基本公式如式（5-13）所示：

$$Z_{\alpha\beta} = f_c / \sqrt{\mathrm{var}(f_c)} \qquad (5-13)$$

在式（5-13）中，$\mathrm{var}(f_c) = \beta_1\sigma_{\alpha_1}^2 + \beta_2\sigma_{\alpha_2}^2 + \alpha_1\sigma_{\beta_1}^2 + \alpha_2\sigma_{\beta_2}^2 - 2\beta_1\beta_2\sigma_{\alpha_1\alpha_2} - 2\alpha_1\alpha_2\sigma_{\beta_1\beta_2}$；$f(c) = \alpha_1\beta_1 - \alpha_2\beta_2$。其中，$\alpha_1\beta_1$ 和 $\alpha_2\beta_2$ 分别表示协同创新和共生环境整合的中介效应。

5.3 油气资源型城市产学研耦合共生网络稳定性实现路径的实证分析

5.3.1 数据收集

本章的数据收集方法采用的是问卷调查法。问卷调查对象是参与油气资源型城市产学研合作的高等院校、企业和研究机构的科研人员和项目管理人员。在相关研究文献成熟题项的基础上，融合油气资源型城市产学研合作项目的特殊性，确定问卷调查的量表题项。其中，主体特征从资源耦合、目标耦合、知识耦合和文化耦合方面设计 4 个题项；协同创新从最优同步、信息互惠和深度合作方面设计 3 个题项；环境整合从资源融合、利益协调和要素突破方面设计 3 个题项；油气资源型城市产学研耦合共生网络稳定性从有机整体、成员满意、自身调节和持续合作方面设计 4 个题项。量表的内容包括被调查对象的基本信息和以李克特五级量表形式的题项两部分。

问卷调查的方式包括网络问卷调查和纸质问卷调查。剔除无效问卷后，得到有效调查问卷 121 份。在参与问卷调查的主体中，高校研究人员占比 32%，企业研究人员和管理人员占比 29%，研究机构研究人员占比 39%。在被调查的产学研合作项目中，合作三年内的项目占比 46%，合作超过三年的项目占比 54%。被调查研究人员的产学研合作经验表明，他们能很好地把握问卷调查的题项。

5.3.2　信度和效度分析

本章的信度检验和效度检验分别采用克隆巴赫系数法和验证性因素法来检验样本数据的信度和效度。表 5 – 1 列示了量表的信度和效度分析结果。

表 5 – 1　　　　　　　　量表的信度和效度检验结果

变量	题项序号	α 值	综合 α 值	KMO 值	Sig.
主体特征	a_1 资源耦合	0.812	0.814	0.828	0.000
	a_2 目标耦合	0.840			
	a_3 知识耦合	0.752			
	a_4 文化耦合	0.763			
协同创新	b_1 最优同步	0.857	0.822	0.843	0.000
	b_2 信息互惠	0.811			
	b_3 深度合作	0.799			
共生环境整合	c_1 资源融合	0.809	0.796	0.755	0.000
	c_2 利益协调	0.842			
	c_3 要素突破	0.871			
共生网络稳定性	d_1 有机整体	0.768	0.772	0.795	0.000
	d_2 成员满意	0.799			
	d_3 自身调节	0.832			
	d_4 持续合作	0.824			

通常当量表的信度系数 α 值大于 0.5 时，量表的信度可以被接受。由表 5 - 1 可知，该问卷中变量 α 值均大于 0.7，说明各变量具有较好的内在一致性，因此，本量表具有较高的信度。各变量的 KMO 值均大于 0.7，且 Sig. < 0.001，达到显著水平，表明各因素有着较高的拟合程度，且有共同因子存在于母群体相关矩阵之间。另外，KMO 值大于 0.5 是适合进行因子分析的必要条件，可见本章所研究的 4 个变量适合采用因子分析。

5.3.3 投影寻踪模型降维结果

利用投影寻踪模型同对主体特征、协同创新、共生环境整合和油气资源型城市产学研耦合共生网络稳定性四个变量进行降维处理，采用矩阵实验室（MATLAB）7.1 软件将高维测度指标数据投影到低维空间，确定四个变量对应测度指标数据的最佳投影方向，降维处理结果如表 5 - 2 所示。

表 5 - 2　　　　　　　　各变量最佳投影方向

变量	最佳投影方向
主体特征 X	（0.3914　0.4017　0.3845　0.3271）
协同创新 M_1	（0.4240　0.4532　0.3785）
共生环境整合 M_2	（0.3698　0.2657　0.3499）
油气资源型城市产学研耦合共生网络稳定性 Y	（0.4366　0.4429　0.2685　0.3578）

表 5 - 2 中各变量降维处理的最佳投影方向所求得的最佳投影值，可作为主体特征、协同创新、共生环境整合以及油气资源型城市产学研耦合共生网络稳定性这 4 个变量的测度数值。接着利用 SPSS17.0 软件，分析所得投影值的均值、标准差及相关性，如表 5 - 3 所示。

表 5 - 3　　　　　变量的均值、最值、标准差及相关系数

变量	均值	标准差	X	M_1	M_2	Y
X	1.527	0.363	1.000			
M_1	1.492	0.402	0.549**	1.000		

变量	均值	标准差	X	M_1	M_2	Y
M_2	1. 476	0. 372	0. 358 **	0. 405 **	1. 000	
Y	1. 511	0. 421	0. 487 **	0. 522 **	0. 514 **	1. 000

注：** 表示在 0.01 水平（双侧）显著相关。

由表 5 – 3 可知，4 个变量均在相关系数 $P < 0.01$ 水平显著相关，因此，由降维处理得到的最佳投影值数据适用于多重中介效应模型估计检验。

5.3.4　多重中介模型估计结果

运用 SPSS17.0 软件，利用多重中介模型对主体特征、协同创新、共生环境整合以及油气资源型产学研耦合共生网络稳定性这 4 个变量之间的内在关系进行实证分析。将投影寻踪降维处理得到的测度数值代入多重中介模型中，其估计结果表如表 5 – 4 所示。

表 5 –4　　　　　　　　多重中介模型估计结果

$X{\rightarrow}M_1$（M_2）	α 系数	标准误差	t 值	p
M_1	0. 562 ***	0. 052	12. 344	$P < 0.001$
M_2	0. 421 ***	0. 049	10. 265	$P < 0.001$
M_1（M_2）$\rightarrow Y$	β 系数			
M_1	0. 395 ***	0. 071	8. 026	$P < 0.001$
M_2	0. 387 ***	0. 046	7. 766	$P < 0.001$
$X{\rightarrow}Y$ 的总效应 τ				
τ	0. 522 ***	0. 049	11. 142	$P < 0.001$
$X{\rightarrow}Y$ 的直接效应 τ'				
τ'	0. 179 *	0. 057	3. 241	$P < 0.05$

注：* 表示在 0.05 水平（双侧）显著相关，** 表示在 0.01 水平（双侧）显著相关，*** 表示在 0.001 水平（双侧）显著相关。

由表 5 –4 可以得知，总效应 $\tau = 0.522$，在 $P < 0.001$ 水平显著相关，意味着主体特征对油气资源型产学研耦合共生网络稳定性有正向促进作用，由此，H5 – 1 得到验证。由于 $\alpha_1 = 0.562$，$\alpha_2 = 0.421$，两者均在 $P < 0.001$ 水平显著相关，意味着主体特征对协同创新和共生环境整

合两个中介因素有正向促进作用，由此，H5 – 2 和 H5 – 4 得到验证。由于 $\beta_1 = 0.395$，$\beta_2 = 0.387$，两者在 $P < 0.001$ 水平显著相关，证明了协同创新和共生环境整合对油气资源型产学研耦合共生网络稳定性具有正向促进，由此，H5 – 3 和 H5 – 5 得到验证。油气资源型城市产学研耦合共生网络稳定性的实现路径如图 5 – 1 所示。

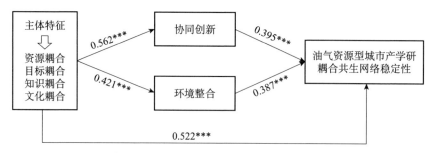

图 5 – 1 油气资源型城市产学研耦合共生网络稳定性的实现路径

此外，由式（5 – 11）求得协同创新的中介效应系数为 0.322，相应的 Z 值为 5.077，在 $P < 0.001$ 水平显著相关；共生环境整合的中介效应系数为 0.163，相应的 Z 值为 5.045，在 $P < 0.001$ 水平显著相关，由此可见，协同创新和共生环境整合在主体特征和中国石油城市产学研耦合共生网络稳定性间有明显的中介效应。通过式（5 – 13）对协同创新和共生环境整合中介效应的大小进行验证，得出 Z 的估计值为 8.447，且 $P < 0.001$，可知协同创新的中介效应大于共生环境整合的中介效应。

5.4 油气资源型城市产学研耦合共生网络稳定性实现路径的实证结论

通过上述对油气资源型城市产学研耦合共生网络稳定性实现路径的实证分析，本章得出以下结论：产学研主体特征对油气资源型城市产学研耦合共生网络稳定性有正向促进影响；协同创新与环境整合在主体特征和油气资源型城市产学研耦合共生网络稳定性之间起中介作用，且协同创新的中介效应大于环境整合的中介效应。

另外，根据上述四个变量之间的关系，得出实现油气资源型城市产学研耦合共生网络稳定性的两条路径：一是在主体兼容的情况下，目标、利益等一致的各个主体能够通过协同创新实现油气资源型城市产学研耦合共生网络的稳定发展；二是在主体冲突的情况下，可以通过共生环境进行整合，逐渐削弱矛盾和冲突，从而实现油气资源型城市产学研耦合共生网络的稳定运行发展。两条实现路径分析如下。

（1）实现路径一：主体兼容→协同创新→油气资源型城市产学研耦合共生网络稳定发展

油气资源型城市所要追求的可持续发展更加注重发展与稳定的统一，即达到城市资源开发利用和经济持续发展的有机统一，离不开产学研各主体稳定的协调和配合。产学研各主体具有资源耦合性、目标耦合性、知识耦合性及文化耦合性四大特征，既是主体兼容的体现，也是耦合共生网络稳定发展的基础。[①] 协同创新意味着油气资源型城市产学研主体最大限度地协作开展科技创新活动，努力实现各方的优势互补和资源共享，加快技术应用的推广。

协调配合的产学研主体能够通过协同创新实现信息互惠、深度合作和运行发展的最优同步，促进油气资源型城市产学研耦合共生网络稳定发展。当产学研各主体的目标和利益一致时，则具有了主体兼容的特性，产学研各主体能够共同努力、相互协作、优势互补，形成稳定发展的有机整体，从而更好地进行协同创新活动，促进信息、技术资源共享，促进各主体的持续协同互动和最优同步。[②] 因此，通过协同创新加强主体兼容是实现油气资源型城市产学研耦合共生网络稳定运行的第一条路径。

（2）实现路径二：主体冲突→环境整合→油气资源型城市产学研耦合共生网络稳定发展

油气资源型城市产学研耦合共生网络的稳定发展体现在持久性和抗

① 李成龙. 产学研耦合—互动创新机理研究［D］. 上海：东华大学，2011.

② 朱天高，周艳春. 经济新常态下南通物流企业群落发展转型升级路径研究［J］. 南通职业大学学报，2016，30（2）：30－32.

干扰性的统一。产学研的主体特征既能促进主体的协调统一，又能通过共生环境整合来调节各主体间的关系，通过沟通、协助和磨合排除干扰因素，实现产学研各主体间的资源融合、利益协调和要素突破，以保障油气资源型城市产学研耦合共生网络能够实现稳定运行。

由于产学研耦合共生网络的运行过程具有动态波动性，在其运行过程中难免会受到利己主义、机会主义、信息不对称等内外部的干扰因素而影响其稳定发展，造成一定的矛盾和冲突。[①] 因此，当产学研主体存在冲突时，需要加强对共生环境的整合和管理，通过加强沟通积极了解各个主体的利益倾向和实际需求，调节和梳理彼此间的冲突关系，减少信息不对称带来的矛盾和冲突，促进资金、信息、设备、物质等要素的突破，从而加强各主体的目标统一性和利益一致性，有利于产学研各主体的持续稳定合作。因此，通过共生环境整合缓解主体冲突是实现油气资源型城市产学研耦合共生网络稳定发展的第二条路径。

5.5　油气资源型城市产学研耦合共生网络稳定性实现建议

5.5.1　不断加强产学研主体特征

资源、目标、知识和文化的四维度耦合是油气资源型城市产学研耦合共生网络主体的关键特征。网络主体特征越显著，即四个维度的耦合越密切，产学研耦合共生网络越稳定。

首先，促进油气资源型城市产学研耦合共生网络的资源耦合。在产学研耦合共生网络的运转过程中，从制度层面来说，应该先尽可能消除网络节点间的制度隔阂，推动网络节点间各类资源的快速流动，促进企业资源、高校资源和科研院所资源的深度融合。

---

① 吴迪. 共生理论视角下物流产业集群发展机制和支持政策分析 [J]. 物流技术，2013，32 (5)：41 – 43.

其次，加强油气资源型城市产学研耦合共生网络的目标耦合。加强网络节点间的目标耦合，就必须高度尊重网络节点的真实诉求，完善网络节点间的表达和沟通机制，实现对彼此目标的理解和认同。

再次，强化油气资源型城市产学研耦合共生网络的知识耦合。强化网络节点间的知识耦合，就必须促进网络节点间的知识交流、分享、学习和转化，实现彼此知识优势的高度耦合。

最后，完善油气资源型城市产学研耦合共生网络的文化耦合机制。完善网络节点的文化耦合机制，对隐性文化和显性文化要区别对待：对隐形文化要积极交流和融合；对显性文化要积极共享和高度认同。

5.5.2　完善区域协调机制，提高油气资源型城市创新供给能力

完善区域协调机制，提高油气资源型城市创新供给能力需要从多个方面入手，包括建立区域合作框架与协议、强化创新资源的区域共享、加强区域产学研合作、推动区域产业协同发展、完善区域创新政策体系以及加强区域创新环境建设等。这些措施的实施将有助于提升油气资源型城市的创新供给能力，推动城市的可持续发展。

5.5.2.1　建立区域合作框架与协议

油气资源型城市应先与周边地区建立紧密的区域合作框架与协议，明确合作的目标、原则和方式。通过签署合作协议，促进区域间的信息共享、资源共享和优势互补，为创新供给能力的提升提供有力的合作基础。[①]

5.5.2.2　强化创新资源的区域共享

油气资源型城市应推动创新资源的区域共享，包括技术、人才、资金等。通过搭建区域性的创新资源共享平台，促进创新资源在区域内的

---

① 徐龙顺，李婵．数字图书馆资源共享风险演化博弈分析［J］．图书馆建设，2017（12）：56－62．

流动和优化配置。同时，可以建立创新资源数据库，方便各主体查询和获取所需资源，提高创新效率。

5.5.2.3　加强区域产学研合作

油气资源型城市应加强与周边地区的产学研合作，形成产学研一体化的创新体系。通过共同开展科研项目、联合培养人才、共建创新平台等方式，促进创新成果的转化和应用。同时，可以建立产学研合作联盟，加强合作的组织化和规范化。

5.5.2.4　推动区域产业协同发展

油气资源型城市应加强与周边地区的产业协同发展，形成产业链上下游的紧密合作。通过共同打造产业集群、推动产业转型升级、加强产业链配套等方式，提高产业的竞争力和创新能力。同时，可以建立产业协同发展机制，加强产业政策的协调和对接。

5.5.2.5　完善区域创新政策体系

油气资源型城市应完善区域创新政策体系，为创新供给能力的提升提供政策保障。可以制定一系列鼓励创新的政策措施，如税收优惠、资金扶持、项目支持等，激发创新主体的积极性和创造力。同时，也可以加强创新政策的宣传和解读，提高政策的知晓率和利用率。

5.5.2.6　加强区域创新环境建设

油气资源型城市应加强区域创新环境建设，为创新活动提供良好的环境和氛围。可以加强创新基础设施建设，如实验室、孵化器、众创空间等，为创新主体提供必要的硬件支持。同时，也可以加强创新文化的培育和传播，营造积极向上的创新氛围。

5.5.3　优化创新人才发展环境，激发油气资源型城市创新创业活力

优化创新人才发展环境，激发油气资源型城市创新创业活力需要从政策体系、人才引进、人才培训、创新创业氛围、服务保障以及产学研

合作等多个方面入手。通过综合施策，为创新人才提供良好的发展环境和条件，推动油气资源型城市的创新创业活动蓬勃发展。

5.5.3.1　完善人才政策体系

油气资源型城市应制定和完善一系列人才政策，包括人才引进、培养、激励和保障等方面的政策。通过加大政策扶持力度，为创新人才提供良好的政策环境和条件，吸引和留住更多优秀的人才。[1]

5.5.3.2　建立多元化的人才引进机制

油气资源型城市可以通过与高校、科研机构等建立合作关系，引进高层次人才和团队。同时，可以开展人才交流活动，吸引国内外优秀人才来城市创新创业。此外，还可以建立人才信息库和人才推荐机制，为用人单位提供精准的人才匹配服务。

5.5.3.3　加强人才培训和技能提升

针对油气资源型城市的特点和需求，可以开展针对性的人才培训和技能提升计划。通过举办培训班、研讨会等活动，提高人才的专业技能和创新能力。同时，可以建立人才导师制度，为年轻人才提供指导和帮助，促进他们的成长和发展。

5.5.3.4　营造良好的创新创业氛围

油气资源型城市可以通过举办创新创业大赛、创业沙龙等活动，激发人才的创新创业热情。同时，可以加强创新创业宣传，树立创新创业典型，营造浓厚的创新创业氛围。此外，还可以建立创新创业服务平台，为创新创业者提供一站式服务，降低创业门槛和风险。

5.5.3.5　优化人才服务保障

油气资源型城市应完善人才服务保障体系，包括提供优质的住房、教育、医疗等服务，解决人才的后顾之忧。同时，可以建立人才服务热线或人才服务窗口，为人才提供便捷的服务和咨询。

---

[1]　李朝明，黄蕊. 协同创新下知识产权合作关系的演化博弈分析［J］. 武汉理工大学学报（信息与管理工程版），2016，38（1）：561 – 565.

5.5.3.6 加强产学研合作与成果转化

油气资源型城市应积极推动产学研合作，促进科研成果的转化和应用。通过建立产学研合作平台，推动高校、科研机构和企业之间的深度合作，实现技术创新和产业升级。同时，可以建立成果转化机制，为创新成果提供市场推广和商业化运营的支持。

5.5.4 增强耦合共生网络的资源聚集动力

增强耦合共生网络的资源聚集动力需要从优化资源配置机制、加强产学研深度融合、引入市场机制、打造特色产业集群、提升网络信息化水平以及加强国际交流与合作等多个方面入手。通过综合施策，不断提升共生网络的资源聚集能力，为油气资源型城市的创新发展提供有力支撑。

5.5.4.1 优化资源配置机制

要先建立健全高效的资源配置机制，确保资源能够按需分配，并流向最需要、最能产生效益的地方。通过优化政策引导，鼓励企业、高校和科研机构等主体积极参与资源共享，形成有效的资源流通和共享机制。[1]

5.5.4.2 加强产学研深度融合

推动产学研深度融合是增强资源聚集动力的关键。通过搭建产学研合作平台，促进企业、高校和科研机构之间的紧密合作，共同开展技术研发、成果转化等活动。这种深度融合不仅可以提高资源的利用效率，还可以推动创新成果的快速转化和应用。[2]

5.5.4.3 引入市场机制，激发资源活力

在共生网络内部引入市场机制，通过市场竞争和价格机制来激发资

---

① 付雨丽. 基于 Spark 的眼科疾病共生和轨迹网络分析研究 [D]. 西安：西安电子科技大学，2020.

② 薛莉，陈钢，张白云. 产学研协同创新研究综述：热点主题及发展脉络 [J]. 科技管理研究，2022，42（12）：1-8.

源的活力。包括建立公开透明的资源交易平台，推动资源的市场化交易；同时，通过政策激励，鼓励企业和社会资本参与资源的开发和利用。

5.5.4.4　打造特色产业集群

结合油气资源型城市的产业特点，打造特色产业集群，形成具有竞争力的产业生态。通过集群效应，吸引更多的相关企业和资源聚集，推动产业的协同发展和创新升级。

5.5.4.5　提升网络信息化水平

加强网络信息化建设，提高共生网络的信息传递和资源共享效率。通过建立完善的信息服务平台，实现信息的实时更新和共享，为各方主体提供便捷的信息服务。同时，利用大数据、云计算等先进技术，对网络资源进行精准分析和优化配置。

5.5.4.6　加强国际交流与合作

积极参与国际交流与合作，引进国外先进的技术和管理经验，提升共生网络的创新能力和资源聚集能力。通过与国际先进企业和研究机构合作，共同开展技术研发和成果转化，推动油气资源型城市的创新发展。

5.5.5　发挥政府在共生网络环境中的主导作用

政府在共生网络环境中应发挥主导作用，通过政策引导、资源共享、深度合作、监管评估以及提供公共服务等方式，推动产学研各方形成紧密的合作关系，共同推动创新发展和产业升级。

5.5.5.1　建立政策引导机制

政府可以出台相关政策，鼓励和支持产学研各方主体积极参与共生网络的构建和运行。这些政策可以包括税收优惠、资金扶持、项目支持等，以激发各方主体的积极性和创造力。[1]

---

① 　纪红，张旭．科技成果转化基金：产学研协同创新的新范式［J］．大连理工大学学报（社会科学版），2022，43（4）：116－121.

5.5.5.2　搭建资源共享平台

政府可以主导搭建资源共享平台，促进产学研各方之间的信息、技术、人才等资源的共享和互通。通过平台的运营和管理，实现资源的优化配置和高效利用，推动创新活动的深入开展。

5.5.5.3　推动产学研深度合作

政府可以积极组织产学研各方开展深度合作，共同开展技术研发、成果转化、人才培养等活动。通过合作项目的实施，推动科技成果的转化和应用，提升产业的技术水平和竞争力。

5.5.5.4　加强监管和评估

政府应加强对共生网络环境的监管和评估，确保网络环境的健康、安全和高效。通过制定相关法规和标准，规范各方主体的行为，防止不正当竞争和侵权行为的发生。同时，定期对共生网络的运行情况进行评估，及时发现问题并进行改进。

5.5.5.5　提供公共服务

政府可以提供一系列公共服务，如技术咨询、融资支持、市场推广等，帮助产学研各方解决在合作过程中遇到的实际问题。这些服务可以降低各方的合作成本，提高合作效率，推动共生网络的良性发展。

5.6　完善油气资源型城市产学研耦合共生网络平台系统

完善油气资源型城市产学研耦合共生网络平台系统需要从多个方面入手，包括建立健全平台系统架构、加强信息共享与资源整合、推动产学研合作项目对接、优化平台服务功能、加强平台宣传与推广以及建立评价与反馈机制等。这些措施的实施将有助于提升平台的运行效率和合作效果，为油气资源型城市的产学研合作提供有力支持。

5.6.1　建立健全平台系统架构

需要先构建一个全面、系统的产学研耦合共生网络平台，该平台应包括政府、企业、高校和研究机构等各方主体的参与。通过明确各方主体的角色和职责，形成互补优势，实现资源共享和互利共赢。[①]

5.6.2　加强信息共享与资源整合

平台应建立高效的信息共享机制，实现产学研各方之间的信息畅通。通过整合各类创新资源，如技术、人才、资金等，促进资源的优化配置和高效利用。此外，还可以建立资源数据库，方便各方主体查询和获取所需资源。

5.6.3　推动产学研合作项目对接

平台应设立合作项目对接模块，定期发布产学研合作项目信息，包括项目需求、技术难题、合作意向等。通过项目对接，促进各方主体之间的合作与交流，推动科技成果的转化和应用。

5.6.4　优化平台服务功能

平台应提供一站式服务，包括技术咨询、成果转化、融资支持等。通过提供专业的服务和支持，降低各方主体在产学研合作中的风险和成本，提高合作的成功率。

5.6.5　加强平台宣传与推广

通过举办产学研合作论坛、技术交流会等活动，宣传和推广平台的功能和优势，吸引更多的企业和研究机构参与合作。同时，也可以利用媒体和网络等渠道，扩大平台的影响力和知名度。

[①]　张嘉毅，原长弘. 产学研融合的组织模式特征——基于不同主体主导的典型案例研究[J]. 中国科技论坛，2022（5）：71－80＋98.

5.6.6 建立评价与反馈机制

为了不断完善平台系统，需要建立评价与反馈机制。通过收集各方主体对平台的意见和建议及时发现问题并进行改进。同时，也可以定期对平台的运行情况进行评估，确保平台的稳定性和有效性。

5.7 本章小结

本章实证探究油气资源型城市产学研耦合共生网络稳定性的实现路径，运用投影寻踪模型和多重中介模型实证分析油气资源型城市产学研的主体特征对其网络稳定性的影响，以及协同创新与环境整合在两者之间的中介作用。实证研究结果表明，产学研主体特征对油气资源型城市产学研耦合共生网络稳定性有正向促进影响；协同创新与环境整合在主体特征和油气资源型城市产学研耦合共生网络稳定性之间起中介作用，且协同创新的中介效应大于环境整合的中介效应。基于实证结果，本章提出在产学研主体兼容和主体冲突两种情况下油气资源型城市产学研耦合共生网络稳定性的两条实现路径。一是在主体兼容的情况下，目标、利益等一致的各个主体能够通过协同创新实现油气资源型城市产学研耦合共生网络的稳定发展，即主体兼容→协同创新→油气资源型城市产学研耦合共生网络稳定发展；二是在主体冲突的情况下，可以通过共生环境进行整合，逐渐削弱矛盾和冲突，从而实现油气资源型城市产学研耦合共生网络的稳定运行发展，即主体冲突→环境整合→油气资源型城市产学研耦合共生网络稳定发展。油气资源型城市产学研耦合共生网络稳定性实现建议如下：不断加强产学研主体特征、提高油气资源型城市创新供给能力、优化创新人才发展环境、增强油气资源型城市创新集聚动力、发挥政府在共生网络环境中的主导作用、完善油气资源型城市产学研耦合共生网络平台系统。

第6章 油气资源型城市产学研耦合共生网络稳定性的协调机制

本章在界定协调机制内涵的基础上，通过问卷调查获得样本数据并运用投影寻踪模型对数据进行降维处理，然后基于层次回归模型实证分析契约治理、关系治理以及两者交互作用对油气资源型城市产学研耦合共生网络稳定性的影响。

6.1 协调机制的内涵

协调机制是使系统内的各个因素之间能够相互促进、相互融合、相互协调的一种行为模式，广泛存在于不同领域中，主要在组织、考评、督查、奖惩、执行等方面设立相应的制度。[①] 在协调机制的维护下，产学研耦合共生网络中的各行为主体能够彼此独立且相互照应，达到目标一致、行为一致的高度耦合状态，增强产学研各主体间的协调配合性，提高协同创新能力，有利于保障产学研耦合共生网络运行的稳定性。

协调机制主要是针对产学研耦合共生网络在运行过程中出现主体冲突的情况时，通过契约治理机制和关系治理机制来协调产学研主体间的矛盾和冲突，维护产学研耦合共生网络的稳定运行。[②] 其中，契约治理是

[①] 胡慧玲．产学研协同创新系统耦合机理分析［J］．科技管理研究，2015，35（6）：26－29．

[②] 操龙灿．企业自主创新体系及模式研究［D］．合肥：合肥工业大学，2006．

指通过正式的契约关系的制定来处理各方的关系，产学研各方交易和合作的矛盾与冲突越显著，越需要契约治理机制加以保障；关系治理是通过加强信任、增加互动等方式来平衡产学研各主体间的关系。契约治理和关系治理均属于产学研耦合共生网络稳定性实现的有效协调机制设计。

6.2 油气资源型城市产学研耦合共生网络稳定性协调机制的研究假设

6.2.1 契约治理对油气资源型城市产学研耦合共生网络稳定性的影响

契约治理是指通过制定正式的、具有法律效力的契约条文，约束和协调油气资源型城市产学研各参与主体的行为，明确各方拥有的权利和需要承担的义务，是一种能够有效低产学研合作过程的交易风险和不确定性因素的协调治理机制。[①]

油气资源型城市产学研耦合共生网络在运行过程，往往会由于利益分配不均、投机主义或机会主义倾向等问题产生矛盾和冲突，影响产学研耦合共生网络的稳定性，而契约条款能够以一种明确的方式保障产学研各方所追求的利益目标，减少产学研各方的经济摩擦，维持其稳定运行。一方面，契约治理可以大大降低油气资源型城市产学研合作过程中的不确定性，包括行为不确定、技术不确定和市场不确定性。通过已有的契约条款，使产学研各方明确共同目标、资源投入、各自分工以及所承担的义务，规范合作行为的同时也加强了产学研各主体间的目标耦合和资源耦合，有利于油气资源型城市产学研耦合共生网络的稳定运行。另一方面，通过契约治理能够对油气资源型城市产学研耦合共生网络运行过程中的投机行为和违法行为加以处罚，以惩戒的形式对产学研各方

---

① 崔之珍，李二玲. 河南省产学研合作的网络演化及其空间特征 [J]. 地域研究与开发，2021，40（6）：43 – 50.

加以约束和协调，不仅能够对合作中的产学研主体加以警示，而且有利于在合作出现问题、矛盾和冲突时及时调整，从而维持油气资源型城市产学研耦合共生网络的稳定性。

但是，需要注意的是，并非契约治理的效力越强、条款越严格，产学研各方合作关系就越密切，油气资源型城市产学研耦合共生网络运行就会越稳定。一方面，当契约治理增强到一定程度时，严格的契约条款会大大约束和限制产学研各方的自主创新行为，同时，由于担心违反契约受到惩罚而降低产学研各方进行协同创新的积极性，在合作过程中产生的束缚和不被信任的想法会破坏油气资源型城市产学研耦合共生网络运行的稳定性。另一方面，由于契约治理的程度加强，其在建立和实施过程中的治理成本也随之不断增加。契约治理条款的内容越复杂详尽，对油气资源型城市产学研耦合共生网络运行中需要监控和管理的范围就越广，需要的人力和物力资源增多，必然会增加耦合共生网络的运行成本，分散各方管理者精力，不利于油气资源型城市产学研耦合共生网络的持续稳定运行。因此，基于上述分析，本章提出以下假设。

H6－1：契约治理与油气资源型城市产学研耦合共生网络稳定性呈倒"U"型的非线性关系。

6.2.2　关系治理对油气资源型城市产学研耦合共生网络稳定性的影响

关系治理是指在信任和沟通互动的基础上，通过社会关系网络来协调油气资源型城市产学研耦合共生网络中产学研各方的社会化活动，主要通过沟通开放度、信息耦合度、信任程度、关系规范化程度等方面表现。[①]

首先，通过制定有效的关系治理机制能够增强产学研各方沟通活动的质量，形成和谐的人际交往关系，能够有效促进企业、高等院校和科研机构间的资源、技术、科研成果共享，提高各方合作的凝聚力和积极

---

① 庄毓敏，储青青. 金融集聚、产学研合作与区域创新［J］. 财贸经济，2021，42（11）：68－84.

性，增强油气资源型城市产学研耦合共生网络运行的稳定性。

其次，关系治理能够有效促进油气资源型城市产学研各主体实现耦合共生网络资源和网络资本的共享，增强信息耦合程度，增强协同创新的效率和效果，减少机会主义带来的风险，有利于油气资源型城市产学研耦合共生网络的稳定性。

再次，信任作为产学研合作过程中一种重要的自我履约机制，关系治理能够提高产学研各方的彼此相互信任程度，更好地了解各方的知识文化和价值理念，使企业、高等院校和科研机构在不同文化背景下也能提高知识耦合和资源共享的意愿，大大增强产学研各方的亲密关系和共同参与协同创新的积极性，促进产学研耦合共生网络的稳定运行。

最后，关系治理能够促使油气资源型城市产学研各方形成一种特定的关系属性，通过这种社会化活动有效促进和加强产学研各方合作关系的灵活性，与契约治理形成互补。规范的关系治理有利于为油气资源型城市产学研各方营造一个稳定的合作环境，降低产学研合作的交易成本和运行成本，促进产学研各方合作绩效的提升，有利于产学研耦合共生网络的稳定有序运行。因此，基于上述分析，本章提出以下假设。

H6 - 2：关系治理对油气资源型城市产学研耦合共生网络稳定性具有正向积极影响。

6.2.3 契约治理和关系治理的交互作用对油气资源型城市产学研耦合共生网络稳定性的影响

契约治理和关系治理并不是对立存在的，油气资源型城市产学研耦合共生网络在协调各方关系时往往会同时运用两者。一些研究者认为，契约治理和关系治理具有交互关系，主要体现在相互替代、相互补充和相互兼容三个方面，两者相辅相成，能够共同维持油气资源型城市产学研合作运行的稳定性。

首先，契约治理和关系治理的相互替代性主要体现在两者功能的等值性，即两种治理机制在油气资源型城市产学研合作过程中单独发生作用时，均可达到预想效果。当其中一种协调机制被弱化无法维持产学研稳定合作的关系时，另一协调机制则可以代替其功能继续维持油气资源型城市产学研耦合共生网络的稳定运行。

其次，两者相辅相成、相互补充能够更好地协调油气资源型城市产学研各主体间的合作关系。一方面，由于契约治理在制定之初必然出现各种漏洞和不周之处，随着产学研合作过程的不断推进，关系治理可以在契约条文遗漏缺陷之处起到补充作用。此外，关系治理也能弥补契约治理过强给油气资源型城市产学研各方带来的不信任和束缚之感。另一方面，由于关系治理对于产学研合作各方的强制力和约束力较弱，而契约治理能够帮助克服产学研各方受利益因素诱导时产生的机会主义行为，起到补充作用，两者共同维护油气资源型城市产学研耦合共生网络的稳定性。

最后，契约治理和关系治理在协调油气资源型城市产学研合作过程中能够相互支持、相互兼容，共同维护其耦合共生网络运行的稳定性。严格规范的契约治理是产学研各方进行合作的基础，同时，灵活性较强的关系治理能够提高产学研各方进行协同创新的积极性。① 两者的互为支撑和相互兼容效应，能够更好地协调并维持油气资源型城市产学研耦合共生网络稳定运行。因此，基于上述分析，本章提出以下假设。

H6-3：契约治理和关系治理的交互作用对油气资源型城市产学研耦合共生网络稳定性具有正向积极影响。

综上所述，油气资源型城市产学研耦合共生网络稳定性协调机制理论模型如图 6-1 所示。

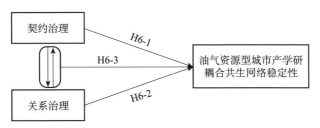

图 6-1 油气资源型城市产学研耦合共生网络稳定性的协调机制理论模型

---

① 张同建，王敏，陈永清等 . 我国产学研互惠性协同微观机理研究［J］. 技术经济，2021，40（7）：122-130.

6.3 变量界定和实证模型

6.3.1 变量界定

6.3.1.1 因变量

因变量为油气资源型城市产学研耦合共生网络稳定性，从有机整体、成员满意、自身调节和持续合作四个维度形成测量题项进行评价。

6.3.1.2 自变量

本章选取契约治理和关系治理作为自变量。其中，契约治理从契约协调、共同利益、条款复杂性、条款严格性四个维度形成测量题项进行评价；关系治理从沟通开放、信息耦合、相互信任、关系规范四个维度形成测量题项进行评价。

6.3.1.3 控制变量

为了控制油气资源型城市产学研运行规模和运行阶段对其稳定性的影响，本章引入两个控制变量：一是运行规模，以油气资源型城市参与产学研耦合共生网络主体数量的自然对数值表示；二是运行阶段，以油气资源型城市产学研的合作期限表示，合作三年以下视为初创期，三年以上视为发展期。

所有研究变量界定见表 6 - 1。

表 6 - 1　　　　　　　　　　研究变量界定

类型	变量名	英文符号	测度题项
因变量	油气资源型城市产学研耦合共生网络稳定性	Stability	产学研耦合共生网络是合作共赢的有机整体
			产学研协同创新成果能够达到成员的满意
			产学研主体能够调节合作中的矛盾和冲突
			产学研各方愿意继续维持耦合共生网络关系

类型	变量名	英文符号	测度题项
自变量	契约治理	Contract	产学研合作关系通过契约条款协调管理
			契约内容能够保障产学研合作方共同利益
			契约条款是约束产学研各方行为的有力工具
			契约严格规定产学研各方的责任和义务
	关系治理	Relationship	产学研各方经常互派人员进行互动学习
			产学研各主体间经常互通信息、交流心得
			产学研各方彼此信任对方的实力和合作意愿
			产学研各方保持正常规范的合作关系
控制变量	运行规模	Size	产学研主体数量的自然对数
	运行阶段	Stage	产学研合作期限

6.3.2　实证模型

为了更好地验证契约治理、关系治理及两者的交互作用对油气资源型城市产学研耦合共生网络稳定性的影响，运用层次回归模型对其进行实证分析，构建以下 3 个实证模型。

运行规模和运行阶段对油气资源型城市产学研耦合共生网络稳定性的影响：

$$Stability = \beta_0 + \beta_1 Size + \beta_2 Stage + \varepsilon \qquad (6-1)$$

契约治理和关系治理对油气资源型城市产学研耦合共生网络稳定性的影响：

$$Stability = \beta_0 + \beta_1 Size + \beta_2 Stage + \beta_3 Contract + \beta_4 Relationship + \beta_5 Contract^2 + \varepsilon \qquad (6-2)$$

全部变量对油气资源型城市产学研耦合共生网络稳定性的影响：

$$Stability = \beta_0 + \beta_1 Size + \beta_2 Stage + \beta_3 Contract + \beta_4 Relationship + \beta_5 Contract^2 + \beta_6 Contract \times Relationship + \varepsilon \qquad (6-3)$$

其中，$Stability$ 表示油气资源型城市产学研耦合共生网络稳定性，β_0 表示常数项，β_1，β_2，$\cdots$，β_6 分别表示运行规模、运行阶段、契约治理、关系治理、契约治理平方以及契约治理×关系治理交互作用6个变量的回归系数，ε表示随机误差项。

模型6-1中的解释变量是运行规模和运行阶段两个控制变量，其中，运行阶段分为运行初创期和运行成长期两个维度，检验仅存在控制变量时的回归结果。模型（6-2）是在模型（6-1）控制变量的基础上增加协调机制的两个维度即契约治理和关系治理机制以及契约治理的平方，对其3个自变量以及控制变量进行回归的分析验证。模型（6-3）是在模型（6-2）的基础上再次增加契约治理×关系治理交互作用的因素变量，最终对所有自变量和控制变量进行的回归分析验证。

6.4 油气资源型城市产学研耦合共生网络稳定性协调机制的实证分析

6.4.1 数据来源

本章的样本数据收集运用问卷调查法。主要的被调查对象是油气资源型城市参与产学研耦合共生网络的企业、高等院校和科研机构的科研和管理人员。本章问卷的题目选项多来源于国内外相关文献资料中已有的成熟题项，同时结合油气资源型城市产学研的特殊性进行合理编制，最终形成问卷调查所需量表。量表的内部包括以下两个部分：一是被调查对象的基本信息，二是以李克特五级量表形式设计的题项。

问卷调查方式分为网络问卷调查和纸质问卷调查两种。调查问卷共发放200份，排除无效问卷后，最终获得124份有效问卷。其中，从专家来源的角度看，企业专家占27%，高校专家占34%，科研机构专家占39%；从油气资源型城市产学研合作的持续时间来看，合作项目持续时间在三年及以内的占样本总量的42%，合作项目持续时间超过三年的占样本总量的58%。本次被调查人员无论从学历还是工作经验方面均对问卷调查的内容有着较好的认知和了解，能够较好地完成问卷调查，因此，获取的样本具有良好的代表性。

6.4.2 效度和信度分析

本章在效度和信度检验方面，分别采用克隆巴赫系数法和验证性因素法来验证问卷调查数据的效度和信度。表 6 - 2 列示了问卷调查量表的信度和效度分析结果。

表 6 - 2　　　　　量表的信度和效度检验结果

变量	题项序号	α 值	综合 α 值	KMO 值	Sig.
契约治理	a_1 契约协调	0.833	0.746	0.755	0.000
	a_2 共同利益	0.792			
	a_3 条约复杂性	0.741			
	a_4 条约严格性	0.702			
关系治理	b_1 沟通开放	0.797	0.799	0.813	0.000
	b_2 信息耦合	0.823			
	b_3 相互信任	0.857			
	b_4 关系规范	0.812			
耦合共生网络稳定性	c_1 有机整体	0.792	0.787	0.762	0.000
	c_2 成员满意	0.822			
	c_3 自身调节	0.769			
	c_4 持续合作	0.756			

通常当量表的信度系数 α 值大于 0.5 时，量表的信度可以被接受。由表 6 - 2 可知，该问卷中变量 α 值均大于 0.7，说明各变量具有较好的内在一致性，因此，本量表具有较高的信度。各变量的 KMO 值均大于 0.7，且 Sig. < 0.001，达到显著水平，表明各因素有着较高的拟合程度，且有共同因子存在于母群体相关矩阵之间。另外，KMO 值大于 0.5 是适合进行因子分析的必要条件，可见本章所研究的 3 个变量适合采用因子分析。综上所述，契约治理、关系治理和油气资源型城市产学研耦合共生网络稳定性 3 个变量在信度和效度检验方面均达到标准，满足因子分析要求。

6.4.3 数据降维分析

为了获得高维数据的特征和结构，本章采用投影寻踪模型将高维数据投影到低纬度子空间上。由于具备抗干扰性、准确性和稳健性等优势，投影寻踪模型广泛应用于不同领域。[1] 由于所研究的 3 个变量即契约治理、关系治理及油气资源型城市产学研耦合共生网络稳定性之间的评价指标具有高纬度性和非线性相关关系，影响实证检验的准确性。通过投影寻踪实现数据的降维处理，排除大部分与结构无关的投影方向上数据的干扰，有助于自动找出数据间内在规律。

利用投影寻踪模型同对这 3 个变量进行降维处理，采用矩阵实验室（MATLAB）7.1 软件将高维测度指标数据投影到低维空间，确定 3 个变量对应测度指标数据的最佳投影方向，降维处理结果见表 6 - 3。

表 6 - 3　　　　　　　　　　各变量最佳投影方向

变量	最佳投影方向
契约治理	(0.4026　0.3074　0.3589　0.3724)
关系治理	(0.4176　0.3679　0.4417　0.4133)
油气资源型城市产学研耦合共生网络稳定性	(0.2985　0.4232　0.3785　0.4014)

由表 6 - 3 可知，最佳投影方向代表各指标的最佳权重，即能够最大限度地反映变量的特征。根据各变量降维处理的最佳投影方向可求得契约治理、关系治理以及油气资源型城市产学研耦合共生网络稳定性这 3 个变量的投影值，由大到小表示样本数据的优劣。将降维得到的投影值作为这 3 个变量的测度数值输入 SPSS 26.0 软件进行相关性分析。

6.4.4 相关性分析

相关性分析的对象是具有相关性的变量。相关性分析的前提是变量之间存在联系。相关性分析的目的在于度量变量间的关联度。本章在度量变量的均值、标准差及相关性时，运用了统计产品与服务解决方

---

① 李小妹. 我国省部产学研平台建设研究［D］. 上海：华中科技大学，2011.

案（SPSS）17.0 分析软件。表 6 – 4 列示了本章变量间的相关性分析结果。

表 6 – 4　　　　　　描述性统计及各变量间相关性分析

变量	均值	标准差	运行规模	运行初创期	运行成长期	契约治理	关系治理	耦合共生网络稳定
控制变量								
运行规模	0.00	0.965	1.000					
运行初创期	0.31	0.568	0.184 *	1.000				
运行成长期	0.67	0.974	0.177 *	– 0.267 *	1.000			
自变量								
契约治理	2.48	1.423	0.292 **	0.364 *	– 0.243 **	1.000		
关系治理	1.41	0.752	0.352 ***	0.043 *	0.457 **	0.532 ***	1.000	
因变量								
耦合共生网络稳定性	2.50	0.394	0.233 *	0.254 **	0.384 *	0.516 ***	0.507 ***	1.000

注：* 表示在 0.05 水平（双侧）显著相关，** 表示在 0.01 水平（双侧）显著相关，*** 表示在 0.001 水平（双侧）显著相关。

表 6 – 4 结果显示，契约治理、关系治理分别与油气资源型城市产学研耦合共生网络稳定性具有显著的相关关系，且各个变量均在相关系数 P < 0.01 水平显著相关。上述结果初步为研究假设的合理性提供相应证据。因此，契约治理、关系治理以及油气资源型城市产学研耦合共生网络稳定性这 3 个变量由降维处理得到的最佳投影值数据适用于层次回归模型进行实证检验，层次回归模型能够为上述各个变量之间的关系作出更为准确的验证。

6.4.5　基于层次回归模型的实证结果检验

在利用投影寻踪模型降维得出数据的基础上，采用层次回归分析模型来验证协调机制的两个维度即契约治理和关系治理机制，以及两者的交互作用与油气资源型城市产学研耦合共生网络稳定性之间的关系。基于层析回归模型的实证检验结果见表 6 – 5。

表 6 - 5　　　　　　　　　　层次回归分析实证结果

油气资源型城市产学研耦合共生网络稳定性			
变量	模型 1	模型 2	模型 3
控制变量			
运行规模	0.194 ***	0.201 **	0.078 **
运行初创期	0.075 *	0.059 **	0.082 *
运行成长期	0.148 **	0.172 *	0.198 **
自变量			
契约治理		0.376 ***	0.269 **
关系治理		0.320 **	0.402 ***
契约治理^2		- 0.112 *	- 0.175 *
契约治理 × 关系治理			0.177 **
模型统计量			
R^2	0.275	0.343	0.389
调整后 R^2	0.267	0.231	0.374
△R^2	-	0.068	0.046
F	19.243 ***	20.587 ***	22.172 ***

注：＊表示在 0.05 水平（双侧）显著相关，＊＊表示在 0.01 水平（双侧）显著相关，＊＊＊表示在 0.001 水平（双侧）显著相关。

如表 6 - 5 所示，通过模型 6 - 1 的回归分析结果可知，油气资源型城市产学研耦合共生网络的运行规模和运行阶段均是影响其持续稳定发展的重要因素。该模型对耦合共生网络稳定性的解释力度 $R^2 = 0.316$（P < 0.001），可见，运行规模和运行阶段均对油气资源型城市产学研耦合共生网络稳定呈显著的正相关关系。产学研耦合共生网络的运行规模越大，其内部资金、技术和人力等资源越雄厚，能够更好地协调共生环境中产生的干扰因素，维持其稳定性；运行阶段由初创期升高到成长期时，产学研间合作关系更紧密，协同创新能力随之提高，往往有利于保障油气资源型城市产学研耦合共生网络稳定性的实现。

模型（6 - 2）中对油气资源型城市产学研耦合共生网络稳定性的解释力度有所增加△$R^2 = 0.068$（P < 0.001）。契约治理对油气资源型城市产学研耦合共生网络稳定性的影响系数为 0.376，在 P < 0.001 水

平显著相关，同时契约治理的平方的影响系数为 - 0.112，在 P < 0.05 水平呈显著的负相关关系。因此，契约治理与油气资源型城市产学研耦合共生网络稳定性存在倒"U"型的非线性关系，H6 - 1 得到支持。

模型（6 - 2）中关系治理对油气资源型城市产学研耦合共生网络稳定性的影响系数为 0.320，在 P < 0.01 水平显著相关，说明油气资源型城市产学研主体间关系治理越强，越有利于其耦合共生网络的稳定发展，两者具有正向相关关系。因此，H6 - 2 得到支持。

模型（6 - 3）中对耦合共生网络稳定性增加的解释力度 $\triangle R^2 = 0.046$（P < 0.001），且契约治理与关系治理机制交互作用的影响系数为 0.177，在 P < 0.01 水平显著相关，表明契约治理机制和关系治理机制的具有交互作用，能够相辅相成、相互兼容、相互补充，共同对油气资源型城市产学研耦合共生网络的稳定运行有积极影响。因此，H6 - 3 得到支持。

6.5　油气资源型城市产学研耦合共生网络稳定性的协调机制设计

6.5.1　契约治理层面的协调机制设计

6.5.1.1　奖惩分明机制设计

在油气资源型城市产学研合作过程中，由于各方文化环境和组织结构的不同，所产生的信息不对称容易对产学研耦合共生网络的稳定性造成不利影响。通过设立明确的奖惩分明机制，分别从激励层面和监惩层面协调产学研耦合共生网络运行中的矛盾和冲突，维持其网络的持久稳定性。

首先，从激励层面来说，奖励性契约条款设计的直接目的是调动油气资源型城市产学研各主体协同创新的积极性，增加努力程度，其最终目的是通过引导产学研各方的努力方向而实现整体的战略目标。① 因此，奖励性契约条款设计应以满足产学研各主体的实际需求为出发点，制定多样化的奖酬形式，对于达到所约定努力程度和已完成既定目标的产学研合作方给予奖励。其次，从监惩层面来说，企业方和学研方可互派工作人员到对方机构中进行监查和督促，了解产学研耦合共生网络的实际运营情况和目标完成情况，加强合作各方之间的沟通和了解。同时，对于未达到约定努力程度或未完成既定目标的产学研合作方给予一定的惩罚。通过奖惩分明机制的设计，能够有效激励和约束油气资源型城市产学研主体的合作行为，从而保障其产学研耦合共生网络的稳定运行。

6.5.1.2 目标耦合机制设计

通过契约治理事前确立明确的战略合作目标，是油气资源型城市产学研耦合共生网络稳定性实现的基础。目标耦合机制的设立能够有效增强产学研合作各方的目标兼容性，更有利于产学研主体间的信息沟通、信任加强以及有效决策，从而维持产学研耦合共生网络稳定运行。②

目标耦合机制主要从目标设置和目标约束两个方面进行机制设计。一方面，事先的目标设置对油气资源型城市产学研合作各方均有较强的激励作用，且为产学研主体的协同创新提供明确的方向。在设置共同目标时，要尊重产学研各合作主体的实际诉求，不断完善各网络主体之间的沟通机制和表达机制，保障契约制定的公正性和平等性，有利于促进产学研协同创新绩效的提高，促进其耦合共生网络的稳定运行。另一方面，目标约束机制的设立是为了满足在产学研耦合共生网络运行过程中，能够通过目标约束积极引导产学研的合作行为，保障合作行为的持久性。产学研主体在合作的初创阶段和成长阶段应及时调整各自的战略目标和发展规划，及时汇报和交流不同阶段各主体的目标完成情况，应在油气资源型城市产学研合作总目标的约束下进行生产、研发等活动，

---

① 翟丹妮，韩晶怡. 基于网络演化博弈的产学研知识协同研究［J］. 统计与信息论坛，2019，34（2）：64-70.

② 柳洲. 产学研协同创新的"知识-文化-价值"网络耦合机制［J］. 科学管理研究，2018，36（5）：23-26.

能够在一定程度上减少投机行为和资源消耗对油气资源型城市产学研耦合共生网络运行稳定性的不利影响。

6.5.1.3　制度规范机制设计

规范的契约制度能够有效约束油气资源型城市产学研各方的合作行为，且合理分配各方的应得利益，是油气资源型城市产学研耦合共生网络稳定性实现的重要保障。

制度规范机制设计的核心是行为约束和分配制度。[①]　一方面，由于产学研合作各方都难以避免本能地追求自身利益最大化的倾向，而损害产学研耦合共生网络整体的利益最大化。因此，通过规范的契约制度对产学研各方产生行为约束，能够有效减少机会主义行为的产生，促使产学研各方的资源、技术、信息等因素与整体目标紧密联系，促进产学研合作整体目标的最终达成。另一方面，通过契约设置合理的分配制度，明确产学研各方在合作过程中享有的权利和应尽的义务，设置公平合理的利益分配系数。基于油气资源型城市产学研耦合共生网络的发展阶段，根据各方在合作过程中资金、技术以及资源等的投入比例进行利益分配，即产学研各方所付出的资本投入越多，其所占有的收益份额就越大。通过契约条款事前规范分配制度，有利于增强产学研各方进行协同创新的积极性，提高努力程度，从而促进油气资源型城市产学研耦合共生网络的稳定运行。

6.5.2　关系治理层面的协调机制设计

6.5.2.1　沟通互动机制设计

由于油气资源型城市产学研耦合共生网络中各主体在文化氛围、资金技术、文化背景、所追求目标等方面均会存有一定差异，容易导致各方之间沟通交流不畅，不能全面了解其他合作方的实际需求从而产生矛盾和冲突。因此，良好的沟通互动机制是维持油气资源型城市产学研耦

---

① 王玉冬，陈一平，王雪原. 产学研金合作共生要素对企业创新绩效的影响［J］. 科技管理研究，2018，38（20）：9－14.

合共生网络稳定的有效机制。

沟通互动机制需要建立有效的信息交流和互动合作的协同关系。[①]首先，信息沟通交流可以营造良好的氛围，从而创造更多表达各自实际需求的机会。油气资源型城市可通过开展定期的产学研合作成果汇报、意见分享等交流形式，使产学研各主体之间以及各个部门之间能够自由地沟通交流、发表意见、分享新的创意和观点，在油气资源型城市产学研耦合共生网络内部形成良性互动的氛围，增加其他合作方对产学研合作项目的了解和认同感，能够在一定程度上减少机会主义行为带来的矛盾和冲突。此外，合作各方互派专业人员到其他合作方内部进行知识学习以及知识互换和交流，加强产学研各方之间的互动，共同参与研究项目的开发和运行。通过知识转移效率的提高为油气资源型城市产学研的合作创造更多收益，知识耦合效益的提升也促使油气资源型城市产学研合作关系更稳固，有利于维持其耦合共生网络的稳定运行。

6.5.2.2　信任互惠机制设计

信任互惠机制是一种能够协调油气资源型城市产学研各个主体间信任关系、增强互惠程度的关系治理机制。信任在油气资源型城市产学研耦合共生网络稳定性的实现中发挥着重要作用，主要从技术型信任互惠和了解型信任互惠两个方面设计协调机制。

在油气资源型城市产学研耦合共生网络运行的初创期，各方均对彼此的声誉状况、实际能力以及技术水平了解不足。首先，产学研合作各方可以通过将信任作为一种市场化的经济计算，衡量信任带来的收益和所需的成本，两者之差形成的收益能够在一定程度上减少失信行为带来的不稳定因素，这种技术型信任互惠机制使产学研合作各方进行更加理性的合作，维持油气资源型城市产学研耦合共生网络的稳定性。其次，随着合作时间的推移，耦合共生网络运行阶段也由初创型转变为成长型，产学研合作各方需要不断加深对彼此的了解程度，积极理解和支持

---

① 闫新波. 产业—企业—专业多维耦合共生机制的探索与实践——以客户信息服务专业为例 [J]. 中国职业技术教育，2021（24）：91-96.

合作各方的行为，增进配合，建立良好的互惠关系。这种了解型信任互惠机制的建立增加了彼此的信任和默契，增强了产学研合作各方目标耦合和文化耦合的程度，使其整体能够为了共同目标和愿景一致努力，减少投机行为的产生，是油气资源型城市产学研耦合共生网络稳定性实现的重要机制设计。

6.5.2.3　利益协调机制设计

由于石油和天然气资源的长期开发利用，油气资源型城市长期存在利益分配不均和持续发展问题。同时，油气资源型城市产学研耦合共生网络运行阶段由初创期转型为成长期时，其耦合共生网络内部的资源结构、组织结构等都会发生相应改变，引起利益格局的调整和利益主体多元化。产学研各主体是基于共同目标而形成的利益共同体，为了减少产学研耦合共生网络运行过程中的利益冲突和矛盾，维持其持久稳定运行，应建立完善的利益协调机制。

首先，应建立合理的利益分配方案。合理公平的利益分配方案是实现油气资源型城市产学研耦合共生网络稳定运行的关键。应通过有效的利益分配方案来促进产学研主体间的协同创新，在合理评估各主体在合作过程中所投入的资源、持续贡献程度及所创造总收益的基础上来进行创新利益分配，减少产学研合作利益因素驱动下产生的消极投机行为。其次，要积极建立正确的利益导向，认识到各主体的利益差异化具有一定的客观性。合理的利益差异化有利于激发各主体协同创新的积极性，促进协同创新效率的提高，从而帮助油气资源型城市实现产学研耦合共生网络的稳定运行。

6.6　油气资源型城市产学研耦合共生网络稳定性协调机制的实施建议

6.6.1　制定明晰的产学研合作奖惩政策

油气资源型城市应通过设立明晰的奖惩政策，分别从激励层面和监惩层面协调产学研耦合共生网络运行中的矛盾和冲突，维持其网络的持久稳定性。首先，从激励层面来说，产学研合作的奖励性政策应以满足产学研各主体的实际需求为出发点，制定多样化的奖酬形式，对于达到所约定努力程度和已完成既定目标的产学研合作方给予奖励。通过产学研合作的奖励性契约条款设计，调动油气资源型城市产学研各主体协同创新的积极性，增加努力程度，进而实现产学研合作的稳定性和可持续性。其次，从监惩层面而言，产学研合作的监罚政策可以规定，对于未达到约定努力程度或未完成既定目标的产学研合作方给予一定的惩罚。最后，产学研合作的监罚政策还可以规定，企业方和学研方可互派工作人员到对方机构中进行监查和督促，了解在产学研耦合共生网络的实际运营情况和目标完成情况，加强合作各方之间的沟通和了解。

6.6.2 制定可度量和动态的产学研合作战略目标

制定可度量和动态的产学研合作战略目标，需要综合考虑合作各方的实际情况、市场需求、技术发展等多方面因素，确保目标的可行性和实效性，为合作的顺利进行提供有力的指导和保障，有利于产学研合作的稳定性和可持续性。

6.6.2.1 深入调研与分析

先对产学研合作的现状进行深入调研，了解各方的资源、能力、需求以及合作的基础和障碍。同时，分析行业发展趋势、市场需求和技术创新动态，明确产学研合作面临的机会和挑战。

6.6.2.2 明确战略定位与方向

基于调研分析结果，确定产学研合作的战略定位和发展方向。这包括确定合作的主要领域、关键技术、预期成果以及合作方式等。战略定位应紧密结合国家产业政策和市场需求，确保合作目标的前瞻性和引领性。

6.6.2.3 制定具体可度量的目标

将战略定位转化为具体可度量的目标。这些目标应具有明确性、可衡量性和可实现性。例如，可以设定技术研发目标，如完成某项关键技术的研发并达到国际先进水平；或设定人才培养目标，如培养一定数量的高层次创新人才等。同时，为每个目标设定具体的完成时间和阶段性成果要求。

6.6.2.4　建立动态调整机制

考虑到市场和技术环境的快速变化，建立产学研合作战略目标的动态调整机制。定期对合作进展进行评估，根据评估结果及时调整目标。当市场环境、技术趋势或合作方情况发生重大变化时，应及时调整合作目标和策略，确保合作的顺利进行。

6.6.2.5　强化监测与评估

为确保合作目标的顺利实现，建立有效的监测与评估体系。这包括设立专门的监测机构或委托第三方机构对合作进展进行定期评估，及时发现问题并提出改进措施。同时，建立信息共享机制，促进合作各方之间的信息交流与沟通，确保合作目标的顺利推进。

6.6.2.6　加强沟通与协作

产学研合作涉及多个主体和多个领域，需要加强沟通与协作以确保合作目标的顺利实现。建立定期沟通机制，加强合作各方之间的信息交流和意见反馈。同时，加强跨领域、跨部门的协作，形成合力，推动产学研合作的深入发展。

6.6.3　制定利益分配合理的产学研合作制度

制定利益分配合理的产学研合作制度是确保产学研合作长期稳定发展的关键。利益分配合理的产学研合作制度可以为合作的顺利进行提供有力的制度保障，同时，也有助于增强各方参与合作的信心和积极性，提高努力程度，从而促进油气资源型城市产学研耦合共生网络的稳定运行。

6.6.3.1　明确合作目标和利益诉求

在制定产学研合作制度之初，先要明确合作的目标和各方的利益诉求。通过深入沟通和协商，确保各方对合作的目标和预期成果有清晰的认识，并明确各自的权益和责任。

6.6.3.2　建立公平合理的利益分配机制

根据合作各方的投入和贡献，建立公平合理的利益分配机制。可以考虑根据资金、技术、人力等资源投入的比例，或者根据合作成果的实际价值，确定各方应获得的利益份额。同时，要确保利益分配过程公开透明，避免产生纠纷和矛盾。

6.6.3.3　设立风险共担和补偿机制

产学研合作过程中可能存在技术风险、市场风险等多种风险。为了降低风险对合作各方的影响，可以设立风险共担和补偿机制。明确各方在风险发生时应承担的责任和义务，以及风险损失的分担方式。同时，可以考虑通过设立风险基金或购买保险等方式，对可能发生的风险进行补偿。

6.6.3.4　加强合作过程中的监督和管理

为确保利益分配制度的顺利实施，需要加强合作过程中的监督和管理。可以设立专门的监督机构或委托第三方机构，对合作各方的投入和贡献进行定期评估和审计。同时，建立信息共享和沟通机制，促进合作各方之间的信息交流与协作，确保合作过程的顺利进行。

6.6.3.5　建立合作纠纷解决机制

在产学研合作过程中，可能会出现合作纠纷或利益冲突。为了及时解决这些问题，需要建立合作纠纷解决机制。可以通过协商、调解、仲裁或诉讼等方式，解决合作过程中出现的纠纷和矛盾。同时，要注重维护合作关系的稳定和长期性，避免因短期利益而损害长期合作的基础。

6.6.3.6　定期评估和调整利益分配制度

随着合作项目的进展和市场环境的变化，利益分配制度可能需要进行相应的调整。因此，需要定期评估和调整利益分配制度，确保其始终符合合作各方的利益诉求和市场环境的变化。通过不断优化和完善利益分配制度，促进产学研合作的长期稳定发展。

6.6.4　通过形式多样的沟通互动方式提高产学研合作效率

通过形式多样的沟通互动方式提高产学研合作效率，对于促进合作双方的深入了解和协作至关重要。形式多样的沟通互动方式可以加强产学研合作双方的联系与协作，提高合作效率；同时，也有助于推动科技创新和产业升级，实现产学研合作的共赢发展。

6.6.4.1　建立定期沟通机制

合作双方应建立定期沟通机制，如定期召开合作会议、项目进展汇报会等，以便及时交流信息、分享经验和解决问题。同时，可以设定固定的沟通频率和沟通方式，确保沟通的连续性和有效性。

6.6.4.2　开展产学研交流活动

举办产学研交流活动，如技术研讨会、产业对接会等，为合作双方提供面对面交流的机会。通过邀请行业专家、学者、企业家等参与，促进各方在技术和产业方面的深入交流与合作。

6.6.4.3　利用信息化手段加强沟通

利用现代信息化手段，如建立合作双方的信息共享平台、使用即时通信工具等，实现信息的实时传递和共享。这有助于合作双方随时了解项目进展、市场需求和技术动态，提高沟通效率。

6.6.4.4　加强人员互访与交流

鼓励合作双方的人员进行互访与交流，如互派访问学者、实习生等。通过亲身体验和深入了解，增进彼此之间的了解和信任，为合作奠定坚实的基础。

6.6.4.5　开展联合培训与学习活动

合作双方可以共同开展联合培训与学习活动，如共同举办培训班、研讨会等，提升合作双方人员的专业素质和创新能力。这有助于推动产学研合作的深入发展，提高合作效率。

6.6.4.6　建立反馈机制与优化沟通方式

在沟通过程中，建立反馈机制，及时收集合作双方的意见和建议，以便不断优化沟通方式。同时，可以根据合作项目的特点和需求，探索更多有效的沟通方式，如线上协作工具、远程会议等。

6.6.5　构建动态的产学研合作主体信任互惠关系

信任在油气资源型城市产学研耦合共生网络稳定性的实现中发挥着重要作用，产学研合作主体可以基于动态视角构建产学研合作主体的信任互惠关系。在油气资源型城市产学研耦合共生网络运行的初创期，各方均对彼此的声誉状况、实际能力以及技术水平了解不足。产学研合作各方可以通过将信任作为一种市场化的经济计算，衡量信任带来的收益和所需的成本，两者之差形成的收益能够在一定程度上减少失信行为带来的不稳定因素，这种技术型信任互惠关系使产学研合作各方进行更加理性的合作，维持油气资源型城市产学研耦合共生网络的稳定性。但是，随着产学研合作的推进，耦合共生网络运行阶段也由初创型转变为成长型，产学研合作各方需要不断加深对彼此的了解程度，积极理解和支持合作各方的行为，增进配合，建立良好的互惠关系。这种了解型信任互惠关系的建立增加了彼此的信任和默契，增强产学研合作各方目标耦合和文化耦合的程度，使其整体能够为了共同目标和愿景一致努力，减少投机行为的产生，推动油气资源型城市产学研耦合共生网络稳定性的实现。

6.7　本章小结

本章实证设计油气资源型城市产学研耦合共生网络稳定性实现的协调机制。首先，通过问卷调查获得样本数据并运用投影寻踪模型对数据进行降维处理。其次，基于层次回归模型实证分析契约治理、关系治理以及两者交互作用对油气资源型城市产学研耦合共生网络稳定性的影响。实证研究结果表明：契约治理与油气资源型城市产学研耦合共生网络稳定性呈倒"U"型的非线性关系；关系治理对油气资源型城市产学研耦合共生网络稳定性具有正向积极影响；契约治理和关系治理的交互作用对油气资源型城市产学研耦合共生网络稳定性具有正向积极影响。基于实证结果，分别从契约治理和关系治理两个层面设计油气资源型城市产学研耦合共生网络稳定性实现的协调机制。其中，契约治理层面协调机制设计包括奖惩分明机制、目标耦合机制以及制度规范机制；关系治理层面协调机制设计包括沟通互动机制、信任互惠机制以及利益协调机制。最后，提出油气资源型城市产学研耦合共生网络稳定性协调机制的实施建议，具体包括制定明晰的产学研合作奖惩政策、制定可度量和动态的产学研合作战略目标、制定利益分配合理的产学研合作制度、通过形式多样的沟通互动方式提高产学研合作效率、构建动态的产学研合作主体信任互惠关系。

第7章　产学研耦合共生网络稳定性对资源型城市可持续创新能力的影响

在"双碳"目标视角下，资源型城市的绿色转型是走出当前困境的必然选择。而资源型城市绿色转型的成功离不开创新能力的提升。从创新视角来说，产学研深度合作是提升资源型城市创新能力的有效模式。在产学研合作的各种模式中，产学研耦合共生网络模式是一种具有开放性和共赢性的新型合作模式。[①] 在产学研合作的实践中，该模式极大地推动了资源型城市经济水平的发展。而保持产学研耦合共生网络稳定性是产学研合作成功的关键，该网络稳定性对资源型城市可持续创新能力的提升至关重要，但具体的影响机理还有待探究。本章基于结构方程模型，理论和实证探究产学研耦合共生网络稳定性如何影响资源型城市可持续创新能力，对于资源型城市产学研协同合作模式的应用发展具有非常重要的现实意义。

本章分析了产学研耦合共生网络稳定性对资源型城市创新投入、创新实施、创新产出、合作基础资源及主体协同的影响，并运用结构方程模型进行实证分析。研究发现，产学研耦合共生网络稳定性对资源型城市的可持续创新能力有正向影响；产学研间的主体协同起中介作用。基于实证分析结果，本章提出有利于提高产学研耦合共生网络稳定性及资源型城市可持续创新能力的相关建议。

---

① 王卫秀. 城市轨道交通综合效益评价［D］. 石家庄：河北地质大学，2020.

7.1　城市可持续创新能力的定义及特性

创新投入、创新实施和创新产出是城市创新的三个维度。[①] 基于国内外学者的研究成果和观点，本章从投入产出视角界定城市可持续创新能力的内涵。城市可持续创新能力是指在城市发展的过程中，城市中各种创新主体通过持续性的创新投入推动创新项目的高效运行，将创新知识产业化，带来创新产出的能力。

持续性、动态性、过程性和综合性是城市可持续创新能力特性的四个维度，[②] 具体如下。第一，持续性：城市创新的过程表现为不断进步和不断持续。第二，动态性：城市可持续创新能力的构成要素和评价指标表现为不断变化的动态过程。第三，过程性：城市持续创新是一个过程，城市需要通过不断创新来应对各种发展困境。第四，综合性：城市可持续创新能力系统是一个动态复杂的系统，会受到城市内外环境中众多因素的相互影响和相互制约。

7.2　研究假设

7.2.1　产学研耦合共生网络稳定性对资源型城市创新投入能力的影响

首先，从产学研合作的理论基础出发，产学研合作被认为是一种高效的创新模式。它通过整合企业、研究机构和高校等多方资源，实现知

[①]　姜彤彤. 产学研协同创新效率评价研究综述［J］. 中国管理信息化，2019，22（15）：216－219.

[②]　吕鲲. 基于生态学视角的产业创新生态系统形成、运行与演化研究［D］. 吉林：吉林大学，2019.

识、技术和市场的有效对接。在此基础上，产学研耦合共生网络的形成，进一步强化了这种合作关系的稳定性和深度，为资源型城市的创新投入提供了有力支撑。[①]

其次，共生理论为产学研耦合共生网络提供了理论基础。该理论认为，不同组织或个体之间通过相互依赖和资源共享，可以形成共生关系，实现共同发展。在产学研耦合共生网络中，企业、研究机构和高校等各方通过共享资源、互通有无，形成了紧密的共生关系，从而推动了创新投入的增加。

再次，一些学者在研究中指出，稳定的产学研合作关系有助于降低创新风险、提高创新效率。他们认为，通过长期的合作和信任积累，产学研各方能够更好地理解彼此的需求和优势，从而更加精准地进行创新投入。这种稳定性对于资源型城市尤为重要，因为它有助于城市在面临转型压力时，通过产学研合作寻找新的增长点。

最后，还有学者从创新生态系统的角度分析了产学研耦合共生网络对创新投入的影响。他们认为，一个健康的创新生态系统需要多元化的创新主体和稳定的合作关系。产学研耦合共生网络正是这样一个生态系统的重要组成部分，它通过促进知识流动和技术创新，为资源型城市的创新投入提供了良好的环境。

综上所述，基于产学研合作理论、共生理论以及学者关于稳定产学研合作关系和创新生态系统的观点，本章提出以下假设。

H7-1：产学研耦合共生网络稳定性与资源型城市创新投入正相关。

7.2.2 产学研耦合共生网络稳定性对资源型城市创新实施能力的影响

首先，从创新理论的角度来看，创新不仅是新思想、新技术的产

---

① 张静，殷磊夫. 湖北省产学研耦合合作路径研究［J］. 武汉工程职业技术学院学报，2019，31（2）：84-87.

生，更包括这些思想和技术在实际中的应用和实施。产学研耦合共生网络作为一个连接企业、研究机构和高校的桥梁，能够促进创新成果的转化和应用。特别是当这个网络具有较高的稳定性时，各方之间的合作将更加紧密和持久，有利于创新实施的顺利进行。

其次，资源型城市在转型发展过程中，面临着技术创新和产业升级的迫切需求。产学研耦合共生网络的稳定性对于资源型城市而言，意味着创新资源的稳定供应和创新合作的持续深化。这种稳定性有助于资源型城市在创新实施过程中减少不确定性，提高创新效率。

再次，一些学者在研究产学研合作对创新实施的影响时指出，稳定的产学研合作关系能够降低创新实施的成本和风险。通过长期的合作和信任积累，产学研各方能够更好地协调资源、技术和市场，确保创新项目的顺利实施。这种稳定性对于资源型城市的创新实施尤为重要，有助于城市在转型过程中实现平稳过渡。[①]

最后，从系统论的角度来看，产学研耦合共生网络作为一个复杂的系统，其稳定性对于整个系统的运行和性能至关重要。当网络稳定性高时，系统的信息流通更加畅通，合作效率更高，从而有利于创新实施能力的提升。

综上所述，基于创新理论、资源型城市转型发展的需求、学者关于稳定产学研合作关系对创新实施影响的观点以及系统论的角度，本章提出以下假设。

H7－2：产学研耦合共生网络稳定性对资源型城市创新实施能力有正向影响。

7.2.3　产学研耦合共生网络稳定性对资源型城市创新产出能力的影响

首先，从创新系统的视角来看，产学研耦合共生网络作为创新系统

---

① 侯佳雯，陈怀超，马靖. 煤炭企业产学研协同创新的影响因素研究［J］. 中国煤炭，2018，44（9）：24－28＋107.

的重要组成部分，其稳定性直接影响创新资源的配置效率和创新活动的协同效果。一个稳定的网络能够提供持续的创新动力和支持，促进知识、技术和人才在产学研之间的有效流动和整合，从而提高资源型城市的创新产出能力。①

其次，根据合作创新理论，产学研合作是推动创新产出的重要途径。稳定的产学研耦合共生网络有助于建立长期稳定的合作关系，降低合作风险，提高合作效率。这种合作关系的稳定性能够促进创新活动的深入开展，推动创新成果的转化和应用，进而提升资源型城市的创新产出水平。

再次，一些学者在研究产学研合作与创新产出的关系时指出，稳定的产学研合作关系对于创新产出的质量和数量都具有积极影响。他们认为，稳定的合作关系有助于产学研各方共同投入更多的资源和精力，开展更具深度和广度的创新活动，从而产出更多、更好的创新成果。

最后，从资源型城市转型发展的角度来看，创新产出能力的提升是其实现可持续发展的重要途径。产学研耦合共生网络的稳定性能够为资源型城市提供更多的创新机会和资源，推动其向创新驱动型城市转型，实现经济结构的优化和升级。

综上所述，基于创新系统理论、合作创新理论以及学者关于产学研合作与创新产出关系的研究，本章提出以下假设。

H7-3：产学研耦合共生网络稳定性对资源型城市创新产出能力有正向影响。

7.2.4 产学研耦合共生网络稳定性对资源型城市创新基础资源的影响

首先，根据资源基础理论，企业的竞争优势来源于其拥有和控制的有价值的、稀缺的、难以模仿和替代的资源。对于资源型城市而言，创新基础资源是其实现创新发展的核心要素。产学研耦合共生网络的稳定

---

① 於流芳. 产业协同创新联盟的关系风险管理研究 [D]. 南昌：南昌大学，2017.

性有助于促进这些资源的有效整合和共享，从而提升资源型城市的创新能力和竞争力。

其次，从产学研合作的角度来看，稳定的耦合共生关系能够加强企业、研究机构和高校之间的信任和合作意愿。这种信任关系有助于降低合作成本，提高合作效率，进而促进创新资源的流动和共享。在资源型城市中，这种流动和共享对于弥补创新基础资源的不足、提升创新水平具有重要意义。

再次，一些学者在研究产学研合作与创新资源的关系时指出，稳定的合作关系能够带来持续的创新投入和资源支持。这包括资金、人才、技术等方面的资源，这些资源是资源型城市创新发展的基础。当产学研耦合共生网络稳定性较高时，这些资源能够更有效地汇聚和配置，为资源型城市的创新发展提供有力支撑。

最后，从网络理论的角度来看，一个稳定的网络结构能够促进信息的传播和资源的共享。在产学研耦合共生网络中，这种稳定性有助于加强各节点之间的联系和互动，促进创新资源的优化配置和高效利用。

综上所述，基于资源基础理论、产学研合作理论、学者关于产学研合作与创新资源关系的研究以及网络理论，本章提出以下假设。

H7-4：产学研耦合共生网络稳定性对资源型城市创新基础资源有正向影响。

7.2.5 产学研耦合共生网络稳定性对资源型城市创新主体协同的影响

首先，从协同理论的角度来看，产学研耦合共生网络的稳定性是实现创新主体协同的重要前提。协同理论认为，不同系统之间通过相互作用、相互协调，能够产生新的有序结构和功能。在产学研耦合共生网络中，稳定性意味着网络结构的稳固和合作关系的持久，这有助于创新主体之间形成稳定的合作机制和协同模式，进而推动创新活动的深入开展。

其次，一些学者在研究产学研合作与创新主体协同的关系时指出，稳定的合作关系能够促进创新主体之间的信息共享、资源互补和风险共担。这种协同作用有助于提升创新效率和质量，推动创新成果的产出和应用。在资源型城市中，由于历史原因和产业结构特点，创新主体的协同合作尤为重要。通过产学研耦合共生网络的稳定性建设，可以加强企业、高校和研究机构之间的沟通与协作，实现创新资源的优化配置和高效利用。[1]

再次，创新生态系统理论也为研究产学研耦合共生网络稳定性对创新主体协同的影响提供了理论支持。该理论认为，创新是一个生态系统内的复杂过程，需要不同创新主体之间的协同合作。产学研耦合共生网络作为创新生态系统的重要组成部分，其稳定性直接影响创新主体的协同效果和整个生态系统的运行效率。

最后，从资源型城市转型发展的角度来看，创新主体协同是实现城市创新发展的关键途径。通过产学研耦合共生网络的稳定性建设，可以促进创新主体之间的深度合作和协同创新，推动资源型城市向创新驱动型城市转型。

综上所述，基于协同理论、学者关于产学研合作与创新主体协同关系的研究、创新生态系统理论以及资源型城市转型发展的需求，本章提出以下假设。

H7 - 5：产学研耦合共生网络稳定性对资源型城市创新主体协同有正向影响。

7.2.6 产学研主体协同对资源型城市可持续创新能力的影响

首先，从协同创新理论的角度来看，产学研主体协同是推动可持续创新能力提升的重要途径。协同创新理论强调不同创新主体之间的深度合作和资源整合，通过产学研之间的协同作用，可以实现创新资源的优化配置和高效利用，从而推动创新活动的深入开展。在资源型城市中，

---

① 李世杰，董冰，杨文新，王鑫. 我国区域产学研合作绩效评价及其空间特征分析[J]. 河南科学，2016，34（11）：1923 - 1927.

这种协同作用尤为重要，有助于克服传统产业结构单一、创新能力不足等问题，实现经济的可持续发展。

其次，一些学者在研究产学研协同与创新能力的关系时指出，产学研主体之间的协同合作能够促进知识、技术和信息的共享与交流，加速创新成果的转化和应用。这种协同作用不仅可以提高创新效率和质量，还能够增强创新活动的稳定性和可持续性。在资源型城市中，通过产学研主体的协同合作，可以推动产业结构的优化升级，培育新的经济增长点，实现经济的多元化和可持续发展。[①]

再次，区域创新系统理论也为研究产学研主体协同对资源型城市可持续创新能力的影响提供了理论支持。该理论认为，创新是一个区域范围内的系统过程，需要不同创新主体之间的协同合作和互动。产学研主体作为区域创新系统的重要组成部分，其协同作用对于提升整个系统的创新能力和绩效具有重要意义。通过加强产学研主体之间的协同合作，可以推动区域创新系统的优化和发展，进而提升资源型城市的可持续创新能力。

最后，从资源型城市转型发展的角度来看，可持续创新能力的提升是实现城市转型发展的关键。随着资源的逐渐枯竭和环境的日益恶化，传统的发展模式已经难以为继。通过产学研主体协同合作，可以推动资源型城市向创新驱动型城市转型，实现经济的可持续发展和城市的长期繁荣。

综上所述，基于协同创新理论、学者关于产学研协同与创新能力的研究、区域创新系统理论以及资源型城市转型发展的需求，本章提出以下假设。

H7－6：产学研主体协同对资源型城市可持续创新能力有正向影响。

7.2.7　产学研主体协同的中介效应

首先，从协同理论的角度来看，产学研主体协同是产学研耦合共生

---

① 高智，李正锋，黄依. 面向大飞机项目全生命周期的产学研合作模式研究［J］. 航空制造技术，2013（12）：78－80＋94.

网络稳定性的关键要素之一。协同理论强调不同主体之间的合作与协调，以实现共同的目标。在产学研耦合共生网络中，企业、高校和研究机构等主体通过协同作用，共享资源、互通信息，形成紧密的合作关系，从而增强网络的稳定性。这种稳定性为资源型城市提供了持续的创新动力和支持。

其次，学者们在研究产学研合作与创新能力的关系时，普遍认为产学研主体协同在创新过程中扮演着重要的中介角色。他们指出，产学研主体协同能够促进创新资源的有效整合和利用，推动创新活动的深入开展。在资源型城市中，这种协同作用尤为关键，有助于城市在转型发展过程中实现可持续创新。

再次，产学研耦合共生网络的稳定性对资源型城市的可持续创新能力具有正向影响，这一观点已经得到了广泛的认可。稳定的网络结构能够促进创新资源的流动和共享，降低创新风险，提高创新效率。同时，资源型城市由于其特殊的产业结构和发展特点，对于产学研合作的需求更为迫切，因此，产学研耦合共生网络的稳定性对其可持续创新能力的影响也更为显著。

综合以上理论基础和学者观点，产学研耦合共生网络的稳定性通过促进产学研主体之间的协同合作，进而提升资源型城市的可持续创新能力。基于以上分析以及 H7 - 5 和 H7 - 6，本章提出以下假设。

H7 - 7：产学研主体协同在产学研耦合共生网络稳定性对资源型城市可持续创新能力的正向影响中起中介作用。

7.3　实证分析

7.3.1　变量设置与数据收集

本章在设置实证变量和收集样本数据的过程中，运用问卷调查分析法。被调查对象主要是国内重要的资源型城市的产学研合作项目的参与者，具体包括高校的学者、科研院所的专家和企业的研发人员。在梳理现有国内外与产学研合作相关的成熟题项的基础上，基于前述理论分析，设计调查问卷量表。量表信息包括被调查对象的基本信息和以李克特五级量表的形式表达的题项两个部分。

问卷调查的方式包括网络问卷调查和纸质问卷调查。在问卷调查的过程中，共发放 170 份调查问卷，剔除信息填写错误、信息填写不完整等无效问卷后，最终得到 87 份有效问卷。在被调查对象的构成中，37% 是企业研发人员，35% 是高校学者，28% 是科研机构专家；基于参与产学研合作项目管理经验的视角，41% 的被调查对象拥有五年以下管理经验，59% 的被调查对象拥有五年以上的经验；从产学研合作的持续时间来看，36% 的产学研合作项目持续时间在三年及以内，64% 的产学研合作项目持续时间超过三年。本次被调查对象的学历和工作经验都表明，他们能很好地把握调查问卷的内容，保证高质量地完成调查问卷，确保样本数据具备较好的代表性。

7.3.2　信度与效度检验

为了验证样本数据的信度和效度，本章分别运用克隆巴赫系数法和验证性因素法来进行信度检验和效度检验。表 7 - 1 列示了调查问卷量表的信度和效度分析结果。

表 7 - 1　　　　　　　　　　变量的信度和效度检验

变量	题项序号	α 值	综合 α 值	KMO 值	Sig.
耦合共生网络稳定性	a_1 有机整体	0.849	0.827	0.834	0.000
	a_2 自身调节	0.817			
	a_3 持续合作	0.836			
资源型城市创新投入能力	b_1 财力投入	0.822	0.836	0.845	0.000
	b_2 人力投入	0.835			
	b_3 物力投入	0.822			
资源型城市创新实施能力	c_1 合作深度	0.847	0.842	0.829	0.000
	c_2 平台网络	0.829			
	c_3 技术创新	0.846			

续表

变量	题项序号	α 值	综合 α 值	KMO 值	Sig.
资源型城市 创新产出能力	d_1技术成果	0.829	0.854	0.837	0.000
	d_2科技应用	0.862			
	d_3社会服务能力	0.837			
资源型城市 创新基础资源	e_1社会支持	0.847	0.812	0.815	0.000
	e_2科技人力资源	0.869			
	e_3基础科技条件	0.857			
产学研主体协同	f_1组织协同	0.836	0.843	0.832	0.000
	f_2文化协同	0.817			
	f_3知识协同	0.833			
资源型城市 可持续创新能力	g_1社会创新能力	0.843	0.861	0.849	0.000
	g_2高新技术产业	0.839			
	g_3创新项目资源	0.853			

该问卷中变量 α 值均大于 0.8，说明产学研耦合共生网络稳定性及资源型城市可持续创新能力各变量具有较好的内在一致性，因此，本量表具有较高的信度。各变量以及相关因素的 KMO 值均大于 0.8，且 Sig. < 0.001，达到极其显著水平。这表明，各因素有着较高的拟合程度，且有共同因子存在于母群体相关矩阵之间。另外，适合进行因子分析的必要前提条件是 KMO 的值大于 0.5，因此可以判定本次研究内容适合进行因子分析。基于信度和效度检验结果，各变量的测量量度表均通过了信度和效度检验，可以进行后续的实证分析。

7.3.3 样本正态性检验

本节运用极大似然估计方法完成结构方程模型评价过程中的参数估计。这个过程需要完成多次实验观察，利用观察所得结果推出参数估计的大概值。多元正态分布是观察变量在结构方程模型中的典型特征，因此，样本的正态性检验可以采用峰度分析和偏度分析。如果数据样本服从多元正态分布，则样本数据应符合中位数近似于均值、偏度不大于 2 且峰度不大于 5 的条件。本章利用统计产品与服务解决方案（SPSS）17.0 软件对样本数据的偏度和峰度分别进行分析，见表7－2。由表7－2 数据分析可知，各个指标的中位数均近似于均值，同时样本的偏度与峰度均符合上述条件，因此，调查问卷样本符合正态分布。

表7－2　　　　　　　各指标的均值、中位数、偏度和峰度

指标	均值	中位数	偏度	峰度
a_1 有机整体	3.234	3	－0.175	－0.654
a_2 自身调节	3.227	3	－0.089	－0.478
a_3 持续合作	3.369	3	－0.042	－0.569
b_1 财力投入	3.247	3.5	－0.354	－0.332
b_2 人力投入	3.448	4	－0.209	－0.512
b_3 物力投入	3.321	3	－0.198	－0.679
c_1 合作深度	3.069	3	－0.521	－0.712
c_2 平台网络	3.126	3	－0.344	－0.523
c_3 技术创新	3.37	4	－0.421	－0.513
d_1 技术成果	3.223	3.5	－0.169	－0.646
d_2 科技应用	3.269	3.5	－0.175	－0.712
d_3 社会服务能力	3.095	3	－0.364	－0.54
e_1 社会支持	3.261	3	－0.256	－0.236
e_2 科技人力资源	3.236	3	－0.144	－0.125
e_3 基础科技条件	3.378	3	－0.080	－0.651
f_1 组织协同	3.391	3.5	－0.263	－0.572
f_2 文化协同	3.124	3.5	－0.401	－0.369
f_3 知识协同	3.162	3	－0.324	－0.561
g_1 社会创新能力	3.373	3	－0.378	－0.369
g_2 高新技术产业	3.369	4	－0.089	－0.701
g_3 创新项目资源	3.338	4	－0.345	－0.552

7.3.4　描述性分析

根据表7－2 中各指标的均值可以进行如下描述性分析。

7.3.4.1 产学研耦合共生网络稳定性的描述性分析

体现资源型城市产学研耦合共生网络稳定性的三个指标"有机整体、自身调节、持续合作"的均值均大于3，说明样本数据的稳定性较好。其中，持续合作的均值最大，说明资源型城市的产学研合作具有可持续性。

7.3.4.2 创新投入能力的描述性分析

体现资源型城市创新投入能力的三个指标"财力投入、人力投入、物力投入"的均值均大于3，说明资源型城市的创新投入能力较好。其中，人力投入的均值最大，说明资源型城市在创新人才投入方面作出了很多努力。

7.3.4.3 资源型城市创新实施能力的描述性分析

体现资源型城市创新实施能力的三个指标"合作深度、平台网络、技术创新"的均值均大于3，说明资源型城市创新实施能力较好。其中，技术创新的均值最大，说明资源型城市技术创新效果好。

7.3.4.4 资源型城市创新产出能力的描述性分析

体现资源型城市创新产出能力的三个指标"技术成果、科技应用、社会服务能力"的均值均大于3，说明资源型城市创新产出能力较强。其中，科技应用的均值最大，说明资源型城市在科技成果应用效果好。

7.3.4.5 资源型城市创新基础资源的描述性分析

体现资源型城市创新资源基础的三个指标"社会支持、科技人力资源、基础科技条件"的均值均大于3，说明资源型城市创新基础资源较充实。其中，基础科技条件的均值最大，说明资源型城市在基础科技条件方面作出了很多努力。

7.3.4.6 资源型城市产学研主体协同的描述性分析

体现资源型城市产学研主体协同的三个指标"组织协同、知识协同、文化协同"的均值均大于3，说明资源型城市产学研主体协同效果好。其中，组织协同的均值最大，说明资源型城市产学研的组织协同效果最好。

7.3.4.7 资源型城市可持续创新能力的描述性分析

体现资源型城市可持续创新能力的三个指标"社会创新能力、高新技术产业、创新项目资源"的均值均大于 3，说明资源型城市可持续创新能力较强。其中，社会创新能力的均值最大，说明资源型城市的社会创新能力表现最好。

7.3.5 相关性分析

相关性分析的对象是具有相关性的两个或两个以上的变量元素。相关性分析的前提是变量之间存在一定关联性。相关性分析的目的是度量变量之间的关联程度。本章的相关性分析运用（SPSS）17.0 软件进行。在相关性分析中，自变量是产学研耦合共生网络稳定性；因变量是资源型城市创新投入能力、创新实施能力、创新产出能力、创新基础资源以及可持续创新能力；中介变量是产学研主体协同。表 7 - 3 列示了自变量、因变量和中介变量之间的相关性分析结果。由表 7 - 3 可知，各因变量之间存在显著相关关系，同时因变量与自变量以及中介变量之间同样存在显著的相关关系。

表 7 - 3 各变量相关性分析结果

变量	稳定性	投入能力	实施能力	产出能力	创新基础资源	主体协同	持续创新能力
网络稳定性	1						
创新投入能力	0.723 **	1					
创新实施能力	0.452 *	0.429 **	1				
创新产出能力	0.466 *	0.426 *	0.572 *	1			
创新基础资源	0.346 **	0.578 *	0.514 **	0.429 *	1		
主体协同	0.741 *	0.396 *	0.711 *	0.575 **	0.351 *	1	
持续创新能力	0.611 **	0.279 *	0.623 **	0.411 *	0.412 **	0.456 *	1

注：* 表示在 0.05 水平（双侧）显著相关；** 表示在 0.01 水平（双侧）显著相关。

7.3.6 路径模拟拟合

本章样本的效度和信度检验结果、变量间的相关性分析结果都表明产学研耦合共生网络稳定性与资源型城市可持续创新能力正相关，同时也说明资源型城市创新投入能力、创新实施能力、创新产出能力以及创新基础资源这四个因变量以及产学研主体协同这个中介变量与自变量产学研耦合共生网络稳定性之间存在相关关系。为了规避回归分析假设条件的限制，还需要利用结构方程模型进一步验证变量之间的相关性。结构方程模型组成见表7-4。

表7-4　　　　　　　　　结构方程模型组成

关键影响因素 （潜在变量）	测量变量因素 （显变量）	关键影响因素 （潜在变量）	测量变量因素 （显变量）
耦合共生网络稳定性	a_1 有机整体	城市创新基础资源	e_1 社会支持
	a_2 自身调节		e_2 科技人力资源
	a_3 持续合作		e_3 基础科技条件
城市创新投入能力	b_1 财力投入	产学研主体协同	f_1 组织协同
	b_2 人力投入		f_2 文化协同
	b_3 物力投入		f_3 知识协同
城市创新实施能力	c_1 合作深度	资源型城市可持续 创新能力	g_1 社会创新能力
	c_2 平台网络		g_2 高新技术产业
	c_3 技术创新		g_3 创新项目资源
城市创新产出能力	d_1 技术成果		
	d_2 科技应用		
	d_3 社会服务能力		

接着利用 AMOS 软件对上述七个潜在变量进行因子结构分析，并进行模拟拟合。产学研耦合共生网络稳定性对资源型城市可持续创新能力影响路径分析结果见图7-1。

7.3.7　影响路径分析

产学研耦合共生网络稳定性对资源型城市可持续创新能力影响路径回归系数见表7-5，其中 Estimate（ns）和 Estimate（s）分别表示非标准化路径系数和标准化路径系数，同时，标准误差、组合效度和显著性水平分别用字母 S. E. 、C. R. 和 P 表示。

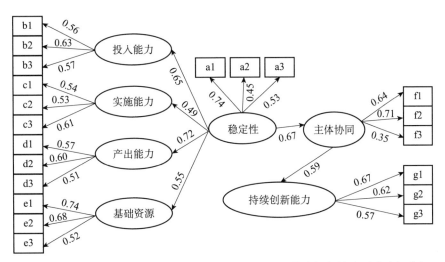

图 7 - 1　产学研耦合共生网络稳定性对资源型城市可持续创新能力影响路径分析

表 7 - 5　　　　　　　　　影响路径回归系数结果

路径	Estimate（ns）	Estimate（s）	S. E.	C. R.	P
稳定性→创新投入能力	0.388	0.267	0.079	3.216	0.006
稳定性→创新实施能力	0.394	0.352	0.062	2.258	0.043
稳定性→创新产出能力	0.417	0.619	0.083	6.129	0.009
稳定性→创新基础资源	0.511	0.417	0.091	8.456	0.001
稳定性→产学研主体协同	0.491	0.326	0.056	3.256	0.124
主体协同→持续创新能力	0.374	0.431	0.081	4.034	0.217

　　本章基于表 7 - 5 的产学研耦合共生网络稳定性对资源型城市可持续创新能力影响路径回归分析，验证了共有六条路径会影响资源型城市可持续创新能力。其中，这六条路径之间的标准化路径系数分别为 0.267、0.352、0.619、0.417、0.326、0.431；P 值分别为 0.006、0.043、0.009、0.001、0.124、0.217，均呈显著正相关，因此，H7 - 1 ~ H7 - 7 都得到验证，见表 7 - 6。

表 7 - 6　　　　　　　　　假设验证结果汇总

假设内容	验证结果
H7 - 1：产学研耦合共生网络稳定性与资源型城市创新投入能力正相关	成立

假设内容	验证结果
H7－2：产学研耦合共生网络稳定性与资源型城市创新实施能力正相关	成立
H7－3：产学研耦合共生网络稳定性与资源型城市创新产出能力正相关	成立
H7－4：产学研耦合共生网络稳定性与资源型城市创新基础资源正相关	成立
H7－5：产学研耦合共生网络稳定性与产学研主体协同正相关	成立
H7－6：产学研主体协同与资源型城市可持续创新能力正相关	成立
H7－7：产学研主体协同起中介作用	成立

7.4 产学研耦合共生网络稳定性对资源型城市可持续创新能力影响结论

7.4.1 产学研耦合共生网络稳定性有助于资源型城市创新投入能力的提高

产学研耦合共生网络的稳定性决定了各主体间能够协同配合、互相渗透，及时根据所处的内外部环境调整组织的形式和内容，促进资源型城市经济的发展和创新投入能力提高，加快资金流动，产生溢出效应。创新投入能力是城市可持续创新能力发展的重要推动力，稳定的产学研合作可以大大提高城市财力、人力和物力资源的投入，三者相互支撑，足够且充分的创新资源成为资源型城市可持续创新的主要基础。

7.4.2 产学研耦合共生网络稳定性有助于资源型城市创新实施能力的提高

在稳定的产学研耦合共生网络中，能够更好地将城市经济与科技水平实现统一，促进各类资源的创造和传播。创新实施能力是资源型城市可持续创新能力的重要体现，是创新投入能力的延续和施展。稳定的产学研合作能够调动各主体的积极性，保障资源型城市顺利实现创新目标以及顺利完成创新项目的实施过程，提高资源型城市创新的效率和质量，最终提升创新实施的水平和能力。

7.4.3　产学研耦合共生网络稳定性有助于资源型城市创新产出能力的提高

稳定的产学研耦合共生网络不仅只是企业、高等院校以及科研机构三方的简单相加，更是各方之间有序的协调配合，其中创新产出就是其重要功能，产学研之间各方稳定的合作大大促进了资源型城市创新思维和创新成果的产出，也提高了资源型城市的经济、科技与社会的一体化功能。城市中大量创新产品、创新项目能够迅速进入市场，使资源型城市通过创新产出获得更高的经济效益和社会效益。

7.4.4　产学研耦合共生网络稳定性为资源型城市创新基础资源提供良好保障

资源型城市创新活动的开展离不开创新基础资源的保障，创新基础资源主要体现在企业、高等院校以及科研机构在合作过程中对公共领域创新资源开发、创新技术活动以及创新人才集聚方面的投入。创新基础资源类是确保资源型城市能够通过创新活动提高城市社会经济效益的重要保障。

7.4.5　产学研耦合共生网络稳定性能够通过产学研主体协同促进资源型城市可持续创新能力提高

从产学研主体协同的中介角度来看，稳定的产学研耦合共生网络所形成的主体协同是资源型城市持续创新的重要实践方式。产学研耦合共生网络稳定性推动了产学研主体协同，而产学研主体协同又进一步通过高效的组织协同、知识协同和文化协同，提升了资源型城市可持续创新能力。

7.5 资源型城市可持续创新能力提升建议

7.5.1 提高资金支持力度

产学研耦合共生网络稳定性的实现离不开资金的支持。[①] 资源型城市各类创新活动所需的基础设施都依赖研发资金的充分投入。在资源型城市产学研合作创新的过程中，政府应对重大创新项目加大资金的扶持和投入。此外，在增加研发资金支持力度的同时，也要加强对研发资金的科学管理和监督，保证研发资金的高效利用，进一步推动资源型城市创新活动的突破，从而提高资源型城市的可持续创新能力。

7.5.2 实施税收减免机制

税收在企业正常支出中占有一定的比例，实施税收减免的优惠政策能够增强企业研发创新的积极性，促进产学研耦合共生网络的稳定发展。一方面，应完善企业研究开发费用的核算方法，对企业研发费用支出实施税前加计扣除，减轻参加产学研耦合共生网络研发创新项目企业的税收负担。另一方面，对参与产学研合作创新项目的科研人员给予适当的税收优惠政策，提高研发人员的积极性和主导性作用。两者均有利于加强产学研耦合共生网络的稳定性，促进资源型城市可持续创新能力提高。

7.5.3 完善产学研利益分配方案

产学研间的创新项目合作应是一个持续稳定的过程，合理公平的利益分配方案也是促进产学研耦合共生网络稳定性的关键。应通过有效的利益分配方案来促进产学研主体间的协同创新，在合理评估各主体在合作过程中所投入的资源、持续贡献程度及所创造总收益的基础上来进行

[①] 李晓力. 山东省大中型工业企业技术创新分析及评价研究 ［D］. 济南：山东大学，2009.

创新利益分配。同时当自身利益因组织整体利益而受损时，组织应通过利益平衡机制对其进行弥补，积极减少因利益分配问题产生的不公平性，维持产学研耦合共生网络稳定性。

7.5.4　健全产学研承诺信任机制

耦合共生网络稳定性的实现建立在产学研合作参与主体间的信任和承诺的基础上。只有健全产学研合作参与主体间的承诺信任机制，才能实现网络稳定性，才能推进资源型城市创新项目的持续运转。产学研合作各方所做出的承诺都应根据自身的实际条件、科研能力和资源优势，并承诺尽自身尽最大努力完成创新合作项目的要求，不会做出损害组织整体利益的行为。同时应加强产学研各主体间的知识耦合和文化耦合，建立更加信任彼此的稳定合作关系，能够更好地保障产学研耦合共生网络稳定性，从而推动资源型城市的可持续创新发展。

7.5.5　加强产学研互动协调机制

产学研耦合共生网络系统是一种较为复杂的组织系统，因此，产学研各主体间的互动协调机制对于产学研耦合共生网络稳定性的维持至关重要。[①] 通过良好的互动协调机制增加合作主体间的信任程度和主体协同能力，减少机会主义行为。加强产学研各主体间的沟通交流和情感互动，减少合作间的矛盾和冲突。通过互动行为促进产学研各主体间的相互学习和融合吸收，加强产学研耦合共生网络的稳定性，提高资源型城市创新研发的积极性和努力程度，从而更好地推动资源型城市可持续创新能力的提升。

7.5.6　加强产学研耦合共生网络的创新要素耦合

7.5.6.1　推动产学研耦合共生网络的资源耦合

在产学研耦合共生网络的资源耦合方面，应加快高校和科研院所在

---

① 田宇，杨艳玲. 互动导向、新服务开发与服务创新绩效之实证研究 [J]. 中山大学学报（社会科学版），2014，54（6）：202－208.

合作研发方面的改革，主动与企业联系构建产学研合作平台，改革制约网络节点之间资源共享的制度，优化创新资源，推动创新资源的流动与共享，实现企业优势资源和高校、科研院所优势资源的交互融合与吸收。

7.5.6.2 实现产学研耦合共生网络的目标耦合

尽管产学研合作参与主体的需求存在差异性，在尊重和认同合作对象真实诉求的基础上，通过完善沟通和表达机制，实现目标耦合，可以达成产学研合作参与主体一致认可的愿景目标。共同的愿景目标有利于建立产学研合作参与主体的信任机制，维持产学研耦合共生网络的稳定性。

7.5.6.3 强化产学研耦合共生网络的知识耦合

在知识耦合方面，应通过组织学习和沟通交流的方式，推动合作对象之间的知识耦合，促进网络节点知识的分享、转移和转化，加快知识创新。此外，在产学研耦合共生网络的运转过程中，还可以通过互派研发人员参与产学研合作项目的方式，增加产学研合作过程中网络节点的关联度，实现高效的知识交流和分享，进而推动产学研耦合共生网络的稳定运行。

7.5.6.4 完善产学研耦合共生网络的文化耦合机制

完善文化耦合机制的目的在于，促使组织文化不同的产学研合作参与主体通过深度的文化交流，在文化和资源方面取长补短，进而提升产学研耦合共网络效率。完善的文化耦合机制处理隐性组织文化和显性组织文化存在差异性。对于隐性组织文化，产学研合作参与主体应加强交流，使企业把握高校和科研院所的技术文化，高校和科研院所把握企业的内在企业文化；对于显性组织文化，产学研合作参与主体要清晰表达，提升对彼此文化的认同感。只有隐性组织文化和显性组织文化都高度融合后，产学研合作才能实现高度融合，从而促进产学研耦合共生网络的有序和稳定运行。

7.5.6.5 完善产学研耦合共生网络平台系统

产学研耦合共生网络平台系统的完善有助于提供产学研合作参与主

体需要的有针对性的和多元化的服务，高效整合网络节点的各类创新资源，更好地监督和管理耦合共生网络的运转，保证网络运行的稳定性和可持续性。

7.5.6.6 健全产学研合作激励政策

产学研耦合共生网络效率的提升需要健全产学研合作激励政策。产学研合作参与主体具有异质性，是一个多方参与的利益博弈的复杂过程，因此，激励政策对网络效率的提升具有引导性。[1] 政府应该根据产学研合作的实践状况，及时健全产学研合作的激励政策，设计有针对性的奖惩制度。例如，产学研合作参与程度高的网络节点将获得更多的研究经费补助。

7.6 本章小结

本章实证分析产学研耦合共生网络稳定性对资源型城市可持续创新能力的影响。从创新投入能力、创新实施能力、创新产出能力、基础资源及主体协同的视角，理论剖析产学研耦合共生网络稳定性与上述因素的关系，并在实证分析中使用结构方程模型。研究结果表明，产学研耦合共生网络稳定性有助于资源型城市创新投入能力、创新实施能力和创新产出能力的提高；产学研耦合共生网络稳定性为资源型城市创新基础资源提供良好保障；产学研耦合共生网络稳定性能够通过产学研主体协同促进资源型城市可持续创新能力提高。因此，本章提出了资源型城市可持续创新能力提升对策包括提高资金支持力度、实施税收减免机制、完善产学研利益分配方案、完善产学研承诺信任机制、加强产学研互动协调机制、加强产学研耦合共生网络的创新要素耦合、完善产学研耦合共生网络平台系统、健全产学研合作激励政策。

---

① 罗琳，魏奇锋，顾新. 产学研协同创新的知识协同影响因素实证研究［J］. 科学学研究，2017，35（10）：1567－1577.

第8章 结 论

本书以油气资源型城市为研究对象，对产学研耦合共生网络稳定性进行系统研究。首先，在对产学研耦合共生网络稳定性国内外文献资料详细梳理的基础上，对产学研耦合、产学研共生、产学研网络、产学研耦合共生网络、产学研耦合共生网络稳定性和油气资源型城市进行内涵界定，并对产学研耦合共生网络稳定性的特征和判别以及共生理论进行理论剖析；其次，剖析产学研耦合共生网络稳定性的机理；再次，实证探究产学研耦合共生网络稳定性的影响因素、实现路径和协调机制；最后，探究产学研耦合共生网络稳定性对资源型城市可持续创新能力的影响。通过本书的研究，得出以下结论。

第一，产学研耦合共生网络稳定性的演化机理包括稳定性形成的主体协同机理、稳定性波动的运作机理和稳定性恢复的控制机理。其中，稳定性的主体协同机理体现在动力和行为两个维度；稳定性波动的运作机理体现在外部环境扰动刺激和内部扰动刺激两个维度；稳定性恢复的控制机理体现在控制实质、控制主体和控制过程三个维度。

第二，实证探究产学研耦合共生网络稳定性的影响因素后可知，共生亲密度、文化耦合、背叛代价、锁定程度以及经济发展对产学研耦合共生网络的稳定性均起到促进作用，而地理位置与产学研耦合共生网络的稳定性相关但不具备直接影响。因此，产学研耦合共生网络稳定性的提升对策包括以下六个方面：积极应对合作项目，共建共生亲密关系；定期开展论坛，促进文化交流；合理分配利益，引入中介机构，提高背叛成本；选择互补伙伴，锁定共生单元；注重对其他非空间维度的临近构建；与经济互动共赢，形成良性循环。

第三，运用投影寻踪模型和多重中介模型实证分析油气资源型城市产学研的主体特征对其网络稳定性的影响，以及协同创新与环境整合在两者之间的中介作用，以实证探究油气资源型城市产学研耦合共生网络稳定性的实现路径。实证研究结果表明，产学研主体特征对油气资源型城市产学研耦合共生网络稳定性有正向促进影响；协同创新与环境整合在主体特征和油气资源型城市产学研耦合共生网络稳定性之间起中介作用，且协同创新的中介效应大于环境整合的中介效应。基于实证结果，本书提出在产学研主体兼容和主体冲突两种情况下油气资源型城市产学研耦合共生网络稳定性的两条实现路径。一是在主体兼容的情况下，目标、利益等一致的各个主体能够通过协同创新实现油气资源型城市产学研耦合共生网络的稳定发展，即主体兼容→协同创新→油气资源型城市产学研耦合共生网络稳定发展。二是在主体冲突的情况下，可以通过共生环境进行整合，逐渐削弱矛盾和冲突，从而实现油气资源型城市产学研耦合共生网络的稳定运行发展，即主体冲突→环境整合→油气资源型城市产学研耦合共生网络稳定发展。

第四，通过问卷调查获得样本数据并运用投影寻踪模型对数据进行降维处理，然后基于层次回归模型实证分析契约治理、关系治理以及两者交互作用对油气资源型城市产学研耦合共生网络网络稳定性的影响，进而设计油气资源型城市产学研耦合共生网络稳定性实现的协调机制。实证研究结果表明，契约治理与油气资源型城市产学研耦合共生网络稳定性呈倒"U"型的非线性关系；关系治理对油气资源型城市产学研耦合共生网络稳定性具有正向积极影响；契约治理和关系治理的交互作用对油气资源型城市产学研耦合共生网络稳定性具有正向积极影响。基于实证结果，分别从契约治理和关系治理两个层面设计油气资源型城市产学研耦合共生网络稳定性实现的协调机制。其中，契约治理层面协调机制设计包括奖惩分明机制、目标耦合机制及制度规范机制；关系治理层面协调机制设计包括沟通互动机制、信任互惠机制及利益协调机制。

第五，运用结构方程模型实证分析产学研耦合共生网络稳定性对城市可持续创新能力的影响可以发现，产学研耦合共生网络稳定性有助于资源型城市创新投入能力、创新实施能力和创新产出能力的提高；产学研耦合共生网络稳定性为资源型城市创新基础资源提供良好保障；产学研耦合共生网络稳定性能够通过产学研主体协同促进资源型城市可持续创新能力提高。因此，资源型城市可持续创新能力提升对策包括提高资金支持力度、实施税收减免机制、完善产学研利益分配方案、完善产学研承诺信任机制和加强产学研互动协调机制。

参考文献

［1］蔡文娟，陈莉平．社会资本视角下产学研协同创新网络的联接机制及效应［J］．科技管理研究，2007（1）：172－175.

［2］操龙灿．企业自主创新体系及模式研究［D］．合肥：合肥工业大学，2006.

［3］曹霞，于娟，张路蓬．不同联盟规模下产学研联盟稳定性影响因素及演化研究［J］．管理评论，2016，28（2）：3－14.

［4］曹霞，于娟．联盟伙伴视角下产学研联盟稳定性提升路径——理论框架与实证分析［J］．科学学研究，2016，34（10）：1522－1531.

［5］陈恒，杨志，祁凯．多方博弈情景下政产学研绿色技术创新联盟稳定性研究［J］．运筹与管理，2021，30（12）：108－114.

［6］陈建斌，郭彦丽，顾志良．从社会网络视角看地方高校产学研合作［J］．中国高校科技，2012（10）：26－28.

［7］陈雪梅，缪小清．生态工业园工业共生网络稳定性与政府治理机制［J］．特区经济，2009（7）：213－215.

［8］陈志平．产学研协同创新的稳定性分析［D］．沈阳：辽宁大学，2015.

［9］迟景明，李奇峰．我国区域产学研创新系统耦合协调度评价及时空特征分析［J］．国家教育行政学院学报，2020（3）：15－25.

［10］储节旺，李佳轩．基于知识生态系统视角下的产学研协同共生演化机理研究［J］．情报科学，2022，40（6）：1－16.

［11］崔之珍，李二玲．河南省产学研合作的网络演化及其空间特征［J］．地域研究与开发，2021，40（6）：43－50.

［12］刁丽琳，朱桂龙．产学研联盟契约和信任对知识转移的影响研究［J］．科学学研究，2015，33（5）：723－733．

［13］杜英，陈志军，朱庆华．产学研合作的"S"态耦合理论及耦合内聚模式研究［J］．科研管理，2016，37（S1）：123－130．

［14］段云龙，乐念，王墨林．产学研区域共生系统协同创新效率研究［J］．中国科技论坛，2019（7）：34－43．

［15］冯锋，肖相泽，张雷勇．产学研合作共生现象分类与网络构建研究——基于质参量兼容的扩展 Logistic 模型［J］．科学学与科学技术管理，2013（2）：3－11．

［16］冯锋，肖相泽，张雷勇．产学研合作共生现象分类与网络构建研究——基于质参量兼容的扩展 Logistic 模型［J］．科学学与科学技术管理，2013，34（2）：3－11．

［17］冯锋．产学研协同创新发展现状及对策研究［J］．科技与企业，2013（8）：217－218．

［18］付苗，张雷勇，冯锋．产业技术创新战略联盟组织模式研究——以 TD 产业技术创新战略联盟为例［J］．科学学与科学技术管理，2013，34（1）：31－38．

［19］付雨丽．基于 Spark 的眼科疾病共生和轨迹网络分析研究［D］．西安：西安电子科技大学，2020．

［20］高强，王会艳，谢家平．网络关系治理机制对创业企业绩效的影响［J］．大连民族大学学报，2020，22（2）：140－145．

［21］高伟．产业生态网络两种典型共生模式的稳定性研究［D］．大连：大连理工大学，2006．

［22］高智，李正锋，黄依．面向大飞机项目全生命周期的产学研合作模式研究［J］．航空制造技术，2013（12）：78－80＋94．

［23］巩岁平，任军号，张宝磊．基于能值分析的工业共生网络评价［J］．科技管理研究，2010，30（23）：34－37．

［24］郭晗，任保平．经济发展方式转变的路径依赖及其破解路径［J］．江苏社会科学，2013（4）：70－75．

［25］郭晗，任保平．经济发展方式转变的路径依赖及其破解路径
［J］．江苏社会科学，2013（4）：70－75.

［26］郭颖，段炜钰，孟婧等．中国科学院产学研合作网络特征对
其科技成果转化绩效的影响［J］．中国科技论坛，2022（5）：81－
89.

［27］海婷婷．产学研协同创新知识产权冲突与协调机制研究
［D］．郑州：郑州大学，2017.

［28］韩馥冰．产学研合作创新主体及其角色定位研究［J］．科技
进步与对策，2013，30（12）：15－18.

［29］郝红军，蒋绪亮．装备制造业R&D联盟稳定性动态博弈研究
［J］．科技与管理，2014，16（6）：61－66.

［30］何郁冰，张迎春．网络类型与产学研协同创新模式的耦合研
究［J］．科学学与科学技术管理，2015（2）：62－69.

［31］侯佳雯，陈怀超，马靖．煤炭企业产学研协同创新的影响因
素研究［J］．中国煤炭，2018，44（9）：24－28＋107.

［32］胡慧玲．产学研协同创新系统耦合机理分析［J］．科技管理
研究，2015，35（6）：26－29.

［33］胡珑瑛，崔岚．基于机会主义防范的技术创新联盟稳定性研
究［J］．科技进步与对策，2012，29（20）：27－31.

［34］黄溶冰．资源型城市产业转型中的熵与自组织［J］．哈尔滨
工业大学学报（社会科学版），2006，8（5）：64－68.

［35］黄胜杰，张毅．产学研合作模式的网络化趋势及其发展对策
［J］．科技管理研究，2002（5）：39－41.

［36］纪红，张旭．科技成果转化基金：产学研协同创新的新范式
［J］．大连理工大学学报（社会科学版），2022，43（4）：116－121.

［37］姜彤彤．产学研协同创新效率评价研究综述［J］．中国管理
信息化，2019，22（15）：216－219.

［38］蒋伏心，胡潇，白俊红．产学研联盟的形成路径与稳定性研
究［J］．上海经济研究，2014（8）：57－66.

［39］赖加福．基于耗散结构理论的产业共生网络稳定性研究［D］．广州：暨南大学，2011．

［40］雷志梅．基于知识元的产业经济风险扩散复杂网络模型研究［D］．大连：大连理工大学，2018．

［41］李朝明，黄蕊．协同创新下知识产权合作关系的演化博弈分析［J］．武汉理工大学学报（信息与管理工程版），2016，38（1）：561－565．

［42］李成龙，秦泽峰．产学研合作组织耦合互动对创新绩效影响的研究［J］．科学管理研究，2011（2）：100－103．

［43］李成龙．产学研耦合——互动创新机理研究［D］．上海：东华大学，2011．

［44］李成龙．产学研耦合关系指标体系构建及实证评价研究［J］．科研管理，2011，32（4）：104－110．

［45］李井锋．生态工业共生网络系统的投入产出分析研究［D］．天津：天津理工大学，2011．

［46］李林，王艺，贾佳仪．产学研协同创新项目成功度研究——基于政府介入和利益分配方式的协同作用［J］．湖南大学学报（社会科学版），2020，34（1）：49－57．

［47］李明星，苏佳璐，胡成等．产学研合作创新绩效影响因素元分析研究［J］．科技进步与对策，2020，37（6）：61－69．

［48］李培凤．不同省域政产学研合作体系的耦合效应比较［J］．科技管理研究，2018，38（9）：99－103．

［49］李世杰，董冰，杨文新等．我国区域产学研合作绩效评价及其空间特征分析［J］．河南科学，2016，34（11）：1923－1927．

［50］李小妹．我国省部产学研平台建设研究［D］．上海：华中科技大学，2011．

［51］李小鹏，赵涛，王晓．基于灰色关联分析的产业共生网络稳定性评价研究［J］．中国软科学，2010（S1）：302－307．

［52］李晓力．山东省大中型工业企业技术创新分析及评价研究

［D］. 济南：山东大学，2009.

［53］李晓庆. 广西先进制造业与生产性服务业共生特征及其空间关系研究［D］. 桂林：桂林理工大学，2019.

［54］李焱. 中国装备制造业技术创新与全球价值链升级的系统耦合研究［D］. 大连：大连理工大学，2019.

［55］李影，张鹏. 基于网络 DEA 和 Shapley 值的产学研科技创新效率研究［J］. 科技管理研究，2022，42（5）：93－103.

［56］李祖超，聂飒. 产学研协同创新问题分析与对策建议［J］. 中国高校科技，2012（8）：24－25.

［57］梁招娣. 产学研联盟稳定性影响因素及其运行机制研究［D］. 广州：华南理工大学，2015.

［58］刘嘉楠，张一帆，孙玉涛等. 我国创新体系建设的路径选择——产学研合作网络演化进程及连接模式［J］. 价格理论与实践，2018（12）：155－158.

［59］刘建生. 产学研合作模式再探讨——基于共生理论的视角［J］. 北京交通大学学报（社会科学版），2012（1）：102－106.

［60］刘文东，潘啸天，巴特. 基于博弈论的生态工业园产业耦合共生网络运行过程研究［J］. 经济研究导刊，2020（11）：62－63＋66.

［61］刘筱. 产学研协同创新驱动机制建构路径解析［J］. 教育评论，2020（1）：70－76.

［62］刘洋，丁云龙. 论产学研合作模式的进化——一个共生进化视角的透视［J］. 北京理工大学学报（社会科学版），2011（1）：43－49.

［63］刘窈君，杨艳萍. 中国粮食产业产学研合作网络的结构特征与动态演化［J］. 华中农业大学学报（社会科学版），2022，（4）：62－75.

［64］刘窈君，杨艳萍. 中国粮食产业产学研合作网络的结构特征与动态演化［J］. 华中农业大学学报（社会科学版），2022（4）：62－75.

［65］刘赞英，康圆圆，王岚. 文化耦合视角下"官产学研资"一体化的创新模式研究［J］. 河北师范大学学报（哲学社会科学版），

2010（9）：34－37.

[66] 柳洲，陈士俊. 产学合作的知识耦合机制［J］. 科学经济社会，2008（26）：21－25.

[67] 柳洲. 产学研协同创新的"知识－文化－价值"网络耦合机制［J］. 科学管理研究，2018，36（5）：23－26.

[68] 卢杰. 潍坊市蓝色经济发展战略分析［D］. 济南：山东师范大学，2013.

[69] 吕鲲. 基于生态学视角的产业创新生态系统形成、运行与演化研究［D］. 吉林：吉林大学，2019.

[70] 罗琳，魏奇锋，顾新. 产学研协同创新的知识协同影响因素实证研究［J］. 科学学研究，2017，35（10）：1567－1577.

[71] 缪小清. 生态工业园工业共生网络系统稳定性研究［D］. 广州：暨南大学，2010.

[72] 南剑飞，赵丽丽. 实现油气资源型城市绿色发展［N］. 经济日报，2018（8），23（16）.

[73] 潘水洋，黄昊. "一带一路"下中国企业战略联盟信任机制设计——基于演化博弈论的视角［J］. 现代管理科学，2017（3）：33－35.

[74] 曲莎，王京芳，厉秉铎. 基于关联度分析的生态工业园共生网络评价［J］. 科学学与科学技术管理，2007，（10）：36－40.

[75] 饶燕婷. "产学研"协同创新的内涵、要求与政策构想［J］. 高教探索，2012（4）：29－32.

[76] 任超亚. 产学研合作创新网络形成的影响因素研究［D］. 大连：大连理工大学，2017.

[77] 荣飞. 大企业技术创新与区域产业发展理论及实证研究［D］. 天津：河北工业大学，2007.

[78] 邵云. 公司治理机制、技术创新与企业绩效的关系研究［D］. 青岛：中国海洋大学，2013.

[79] 盛永祥，黄小芳，吴洁. 产学研合作网络均衡性与有效性问

题研究 [J]. 科技进步与对策, 2013, 30 (11): 25 – 28.

[80] 盛永祥, 周潇, 吴洁等. 产学研协同创新网络的耦合强度——协同创新中心的视角 [J]. 系统工程, 2018, 36 (3): 141 – 145.

[81] 施海燕, 柴珺芳, 孙国君等. 政府引导下的产学研合作共生机理 [J]. 经营与管理, 2012 (9): 131 – 133.

[82] 苏州. 知识管理视角下产学研合作创新冲突分析与治理对策 [J]. 科技进步与对策, 2018, 35 (24): 64 – 70.

[83] 孙妍妍, 王斌. 生物医药产业技术创新战略联盟核心机制——信任机制、知识产权保护与政府支持 [J]. 中国高新技术企业, 2016 (29): 3 – 5.

[84] 孙玉涛, 张一帆. 产学研合作网络演化的异质性机制——以北京为例 [J]. 科研管理, 2020, 41 (9): 113 – 122.

[85] 唐孝云, 李业川, 杨帆等. 产学研合作影响因素的实证分析及其对策研究 [J]. 科技管理研究, 2009 (5): 101 – 103.

[86] 陶丹, 胡冬云. 产业集群背景下的产学研协同创新运行机制研究——以重庆电子信息产业为例 [J]. 科技管理研究, 2013 (22): 167 – 171.

[87] 田宇, 杨艳玲. 互动导向、新服务开发与服务创新绩效之实证研究 [J]. 中山大学学报 (社会科学版), 2014, 54 (6): 202 – 208.

[88] 田宇. 产学研技术联盟的稳定性研究 [D]. 大连: 大连理工大学, 2012.

[89] 王海军, 成佳, 邹日崧. 产学研用协同创新的知识转移协调机制研究 [J]. 科学学研究, 2018, 36 (7): 1274 – 1283.

[90] 王进富, 薛琳, 郝向举等. 产学研协同创新组织稳定性影响因素实证研究 [J]. 科学管理研究, 2016 (15): 159 – 165.

[91] 王兰. VC-E 合作治理机制与技术创新绩效关系研究 [D]. 重庆: 重庆大学, 2012.

[92] 王卫秀. 城市轨道交通综合效益评价 [D]. 石家庄: 河北地质大学, 2020.

［93］王晓伟．海上丝绸之路战略背景下的港口合作网络稳定性研究［D］．大连：大连海事大学，2017．

［94］王玉冬，陈一平，王雪原．产学研金合作共生要素对企业创新绩效的影响［J］．科技管理研究，2018（20）：9－14．

［95］王玉冬，陈一平，王雪原．产学研金合作共生要素对企业创新绩效的影响［J］．科技管理研究，2018，38（20）：9－14．

［96］王兆华，尹建华．生态工业园中工业共生网络运作模式研究［J］．中国软科学，2005（2）：80－85．

［97］王治莹，李春发．超网络视角下生态工业共生网络稳定性研究［J］．大连理工大学学报（社会科学版），2013，34（1）：14－18．

［98］王治莹，李春发．超网络视角下生态工业共生网络稳定性研究［J］．大连理工大学学报（社会科学版），2013，34（1）：14－18．

［99］温兴琦．基于共生理论的创新系统结构层次与运行机制研究［J］．科技管理研究，2016，36（14）：1－5＋11．

［100］吴迪．共生理论视角下物流产业集群发展机制和支持政策分析［J］．物流技术，2013，32（5）：41－43．

［101］吴钊阳．资源配置视角下协同创新网络与企业成长的关系研究［D］．成都：电子科技大学，2020．

［102］肖振红，范君荻．区域 R&D 投入、产学研耦合协调度与科技绩效［J］．系统管理学报，2020，29（5）：847－856．

［103］熊壮．湖北省产学研合作问题研究［D］．武汉：华中师范大学，2016．

［104］徐龙顺，李婵．数字图书馆资源共享风险演化博弈分析［J］．图书馆建设，2017（12）：56－62．

［105］薛莉，陈钢，张白云．产学研协同创新研究综述：热点主题及发展脉络［J］．科技管理研究，2022，42（12）：1－8．

［106］薛雅伟，张剑．基于双标分类与要素演化的油气资源城市"资源诅咒"情景模拟［J］．中国人口·资源与环境，2019，29（9）：11－21．

［107］闫海清．氯碱化工产业共生网络规划与评价研究［D］．天津：天津大学，2011.

［108］闫新波．产业—企业—专业多维耦合共生机制的探索与实践——以客户信息服务专业为例［J］．中国职业技术教育，2021（24）：91－96.

［109］于娟．产学研联盟稳定性研究［D］．哈尔滨：哈尔滨工程大学，2016.

［110］于晓虹，楼文高．低维逐次投影寻踪模型及其应用［J］．统计与决策，2019，35（14）：83－86

［111］於流芳．产业协同创新联盟的关系风险管理研究［D］．南昌：南昌大学，2017.

［112］俞舟．基于声誉模型的产学研联盟稳定性研究［J］．科技管理研究，2014，34（9）：161－165.

［113］袁增伟，毕军．生态产业共生网络运营成本及其优化模型开发研究［J］．系统工程理论与实践，2006（7）：92－97＋123.

［114］曾德明，王燕平，文金艳等．高技术企业创新联盟稳定性研究［J］．研究与发展管理，2015，27（1）：44－50.

［115］翟丹妮，韩晶怡．基于网络演化博弈的产学研知识协同研究［J］．统计与信息论坛，2019，34（2）：64－70.

［116］张凤丽，陈平．唐山资源型城市产学研协同创新发展对策研究［J］．科技视界，2018（10）：110－111.

［117］张根明，张曼宁．基于演化博弈模型的产学研创新联盟稳定性分析［J］．运筹与管理，2020，29（12）：67－73.

［118］张嘉毅，原长弘．产学研融合的组织模式特征——基于不同主体主导的典型案例研究［J］．中国科技论坛，2022（5）：71－80＋98.

［119］张静，殷磊夫．湖北省产学研耦合路径研究［J］．武汉工程职业技术学院学报，2019，31（2）：84－87.

［120］张俊霞．经济新常态下政产学研协同创新问题研究［J］．科技进步与对策，2015，32（14）：27－30.

［121］张雷勇，冯锋，肖相泽等．产学研共生网络：概念、体系与方法论指向［J］．研究与发展管理，2013，25（2）：37－44．

［122］张雷勇，冯锋，肖相泽．产学研共生网络：概念，体系与方法论指向［J］．研究与发展管理，2013，25（1）：59－65．

［123］张雷勇，冯锋，肖相泽．共生网络视角下的产学研合作［J］．中国高校科技，2012（7）：22－23

［124］张雷勇，冯锋，肖相泽等．产学研共生网络：概念、体系与方法论指向［J］．研究与发展管理，2013，25（2）：37－44．

［125］张雷勇，冯锋，肖相泽等．产学研共生网络效率测度模型的构建和分析：来自我国省域数据的实证［J］．西北工业大学学报（社会科学版），2012，32（3）：43－49．

［126］张雷勇．产学研共生网络效率测度模型的构建和分析：来自我国省域数据的实证［J］．西北工业大学学报（社会科学版），2014，34（4）：56－61．

［127］张雷勇．我国产学研共生网络治理研究［D］．合肥：中国科学技术大学，2015．

［128］张雷勇．中国产学研共生网络治理研究［D］．合肥：中国科学技术大学，2014．

［129］张萌，姜振寰，胡军．工业共生网络运作模式及稳定性分析［J］．中国工业经济，2008（6）：77－85．

［130］张梦娟．产学研合作创新网络演化及网络特征与主体创新绩效关系研究［D］．镇江：江苏大学，2018．

［131］张明．产学研战略联盟发展现状与对策研究［J］．科技管理研究，2010，30（16）：116－119．

［132］张明．产学研战略联盟发展现状与对策研究［J］．科技管理研究，2010，30（16）：116－119．

［133］张秋明，顾新，杨雪．产学研协同创新网络视角下创新资源禀赋对城市创新能力提升的影响研究［J］．软科学，2022，36（3）：1－13．

［134］张省，黄卓，王磊．产学研耦合关系中的供需匹配维度研究［J］．科技进步与对策，2017，34（20）：1－7．

［135］张省，袭讯．产学研协同创新知识溢出效应分析［J］．科技管理研究，2018，38（6）：124－129．

［136］张同建，王敏，陈永清等．我国产学研互惠性协同微观机理研究［J］．技术经济，2021，40（7）：122－130．

［137］张学林，张国祯．基于社会资本的产学研合作创新超网络分析［J］．商业时代，2014（1）：121－123．

［138］张艺，孟飞荣，朱桂龙．海洋战略性新兴产业的产学研合作网络：特征、演化和影响［J］．技术经济，2019，38（2）：40－51．

［139］张艺，孟飞荣，朱桂龙．海洋战略性新兴产业的产学研合作网络：特征、演化和影响［J］．技术经济，2019，38（2）：40－51．

［140］张艺，许治，朱桂龙．协同创新的内涵、层次与框架［J］．科技进步与对策，2018，35（18）：20－28．

［141］赵京波．我国产学研合作的经济绩效研究与模式、机制分析［D］．吉林：吉林大学，2012．

［142］郑家霖．我国增材制造产业创新生态系统构建研究［D］．福州：福州大学，2016．

［143］周灿．中国电子信息产业集群创新网络演化研究：格局、路径、机理［D］．上海：华东师范大学，2018．

［144］周新德．契约治理、关系治理和家族企业治理模式选择［J］．求索，2008，6：60－61．

［145］朱睿．生态工业园工业共生网络稳定性研究［D］．阜新：辽宁工程技术大学，2007．

［146］朱天高，周艳春．经济新常态下南通物流企业群落发展转型升级路径研究［J］．南通职业大学学报，2016，30（2）：30－32．

［147］祝影，王飞．基于耦合理论的中国省域创新驱动发展评价研究［J］．管理学报，2016（10）：1509－1571．

［148］庄毓敏，储青青．金融集聚、产学研合作与区域创新［J］．

财贸经济，2021，42（11）：68 – 84.

［149］Albats E，Fiegenbaum I，Cunningham J A. A micro level study of university industry collaborative life cycle key performance indicators ［J］. The Journal of Technology Transfer，2018，43（2）：389 – 431.

［150］Arenas J. Technology transfer models and elements in the University-Industry collaboration ［J］. Administrative sciences，2018，8（2）：19 – 28.

［151］AUTY R M. Natural resources，capital accumulation and the resource curse ［J］. Ecological economics，2007，61（4）：627 – 634.

［152］Baas L W. The practice and success factors of industrial symbiosis in the Rotterdam Port Industrial Complex ［J］. Journal of Industrial Ecology，2008，12（5），707 – 720.

［153］Brockhoff K. Cooperation between firms：A strategy for technological innovation ［J］. In Research policy，1991，20（6）：477 – 491.

［154］Bstieler L，Hemiert M. The effectiveness of Klational and contractual governance in new product development collaborations：evidence from Kowa ［J］. Technovation，2015，45（6）：29 – 39.

［155］CHEN W，SHEN Y，WANG Y N. Evaluation of economic transformation and upgrading of resource-based cities in Shaanxi Province based on an improved TOPSIS method ［J］. Sustainable cities and society，2018，37：232 – 240.

［156］Chertow M R. Industrial symbiosis and the geography of ecological industrial development：A case study of four industrial parks in Puerto Rico ［J］. Journal of Industrial Ecology，2008，12（5），669 – 687.

［157］Chopra S. Designing resilient university-industry-research symbiosis networks：The role of redundancy reduction and sector diversity ［J］. Journal of Engineering and Technology Management，2014，31（4）：456 – 472.

［158］Cohen W M，Levinthal D A. Absorptive capacity：A new perspective on learning and innovation [J]. Administrative Science Quarterly, 1990, 35 (1): 128 – 152.

[159] Cooke P. Regional innovation systems: Competitive regulation in the new Europe [J]. Geoforum, 1996, 27 (3): 365 – 382.

[160] Domenech T. A multi-stage analysis framework for optimizing university-industry-research symbiosis networks [J]. Technovation, 2011, 31 (5): 225 – 238.

[161] Drozdoff V, Fairbairn. Licensing Biotech Intellectual Property in University-industry Partnerships [J]. Cold Spring Harbor Perspec-tives in Medicine, 2015, 5 (3): 1 – 12.

[162] Eisingericha A B. The impact of network strength and openness on innovation efficiency in industry-university-research collaboration networks: An empirical study [J]. Journal of Technology Transfer and Innovation, 2019, 24 (5): 243 – 269.

[163] Etzkowitz H, Leydesdorff L. The Dynamics of Innovation: From National Systems and "Mode 2" to a Triple Helix of University-Industry-Government Relations [J]. Research Policy, 2000, 29 (2): 109 – 123.

[164] Etzkowitz H, Leydesdorff L. The dynamics of innovation: from National Systems and "Mode 2" to a Triple Helix of university-industry-government relations [J]. Research Policy, 2000, 29 (2): 109 – 123.

[165] Freitas B M, Marques R A. University-industry Collaboration and Innovation in Emergent and Mature Industries in New Industrialized Countries [J]. Research Policy, 2013, 42 (2): 443 – 453.

[166] Gibson E, Daim T U, Dabic M. Evaluating university industry collaborative research centers [J]. Technological Forecasting and Social Change, 2019, 146: 181 – 202.

[167] Hansen I E, Mork O J, Welo T. Managing Knowledge in Manufacturing Industry-University Innovation Projects [C] //IFIP International Conference on Advances in Production Management Systems. Springer,

Cham，2019：603－610.

［168］Hisrich R D. Entrepreneurship/Innovation and Small Business ［M］. McGraw-Hill/Irwin，1998.

［169］Majumdar S K. Factors influencing the stability and efficiency of industrial symbiosis networks in eco-industrial parks ［J］. Journal of Cleaner Production，2001，9（6）：531－538.

［170］Mascarenhas C，Ferreira J J，Marques C. University-industry cooperation：A systematic literature review and research agenda ［J］. Science and Public Policy，2018，45（5）：708－718.

［171］McConnell D P，Cross S E. Realizing the Value of Industry-University Innovation Alliances ［J］. Research-Technology Management，2019，62（2）：40－48.

［172］Mirata M. Symbiosis networks for enhancing innovation performance in university-industry-research collaborations：Leveraging resource complementarities for regional economic，environmental，and social benefits ［J］. Journal of Cleaner Production，2015，108（Part A）：292－303.

［173］Nesta L，Saviotti P P. Coherence of the knowledge base and the firm's innovative performance：Evidence from the U. S. pharmaceutical industry ［J］. Journal of Industrial Economics，2005，53（1）：123－142.

［174］Rantala T，Ukko J. Performance measurement in university-industry innovation networks：implementation practices and challenges of industrial organizations ［J］. Journal of Education and Work，2018，31（3）：247－261.

［175］Sakakibara，M. Heterogeneity of firm capabilities and cooperative research and development：An empirical examination of motives ［J］. Strategic Management Journal，1997，18（5）：371－394.

［176］Steinmo M，Rasmussen E. The interplay of cognitive and relational social capital dimensions in university-industry collaboration：Overcoming the experience barrier ［J］. Research Policy，2018，47（10）：1964－1974.

［177］Suh Y, Woo C, Koh J, et al. Analysing the satisfaction of university-industry cooperation efforts based on the Kano model: A Korean case ［J］. Technological Forecasting and Social Change, 2019, 148: 119 – 128.

［178］Tibbs H L C, Lowe E A. Industrial symbiosis: A conceptual-framework for the development of sustainable industrial networks ［J］. Journal of Industrial Ecology, 1993, 1（1）: 13 – 27.

［179］Vancauteren M. The performance of industry-university-research collaboration networks in the Dutch food processing industry: An empirical study on the relationship between R&D intensity, workforce skills, and network performance ［J］. Journal of Food Industry Research and Development, 2021, 18（6）: 325 – 341.

［180］Vargas M I R. Technology Transfer Via University-Industry Relations: The Case of the Foreign High Technology Electronic Industry in Mexico's Silicon Valley ［M］. Routledge, 2018.

［181］Villani E. Mediating principles in industry-university-research collaboration networks: An exploration using proximity frameworks ［J］. Journal of Innovation and Knowledge Management, 2017, 23（6）: 159 – 172.

［182］Wallner H P. Networks as a practical tool for studying complex industrial systems: An integrated economic and ecological perspective ［J］. Journal of Industrial Ecology, 1999, 3（2）: 99 – 113.

［183］Weick K E. Educational organizations as loosely coupled systems ［J］. Administrative Science Quarterly, 1976, 21（1）: 1 – 19.

［184］Youtie J, Shapira P. Building an innovation hub: A case study of the transformation of university roles in regional technological and economic development ［J］. Research Policy, 2008, 37（8）: 1188 – 1204.

附录1 产学研耦合共生网络稳定性影响因素调查问卷

尊敬的女士/先生：

您好！非常感谢您在百忙之中抽空填写此问卷。本问卷是有关"产学研耦合共生网络稳定性影响因素"方面的调查，主要包括两大部分：个人和单位基本信息和变量测量。本问卷主要是对相关问题进行打分，请在最符合您的观点的选项对应位置画"√"或在题目的相应位置直接写答案。

本问卷采用不记名的方式，请您根据实际情况作答。我们郑重承诺调查数据仅用于学术研究，绝不对外公开，调研结果也可与您共享。在此我们对您的真诚合作致以最衷心的感谢！

您是否有过产学研耦合共生网络的经历：□是　□否

（如果选择"是"，则继续完成以下问题，如果选择"否"，则调研结束）

第一部分　个人和单位基本信息

1	您的性别：　□男　□女
2	您的岗位：
3	您的学历： □博士　□硕士　□本科　□大专　□其他

续表

4	您单位所处的地域： □东部　□西部　□南部　□北部　□中部
5	您的单位类型：□高等院校　□科研机构　□企业
6	您所处行业类别： □生物技术　□采矿业　□精细化工　□制造业　□农、林、牧、渔业 □新能源　□软件和电子通信业　□电力、热力、燃气及水生产和供应业 □金融和资讯业　□建筑业　□交通运输、仓储和邮政业　□房地产业 □科学研究和技术服务业　□水利、环境和公共设施管理业　□其他行业
7	您所在单位员工人数：□300 人以下　□300～2000 人　□2000 人以上
8	您所在单位的规模（年销售额）： □3000 万元以下　□3000 万～3 亿元　□3 亿元以上

第二部分　变量测量

分值说明：5、4、3、2、1 的分值分别代表"非常同意""同意""不一定""不同意""非常不同意"五种回答。

一、共生亲密度						
变量	测试问题	分值				
共生模式契合度	共生单元各方的工作规则和程序彼此契合	1	2	3	4	5
	共生网络中生产技术等知识彼此契合且沟通顺畅	1	2	3	4	5
共生关系满意度	对产学研合作项目成果的质量很满意	1	2	3	4	5
	对产学研耦合共生网络很满意	1	2	3	4	5
信任程度	在产学研合作中我充分信任对方分享和交流的经验技术	1	2	3	4	5
	与目前的产学研合作单位有长期合作的可能性	1	2	3	4	5

续表

交流频率	经常在共生网络中现场或线上交流	1	2	3	4	5
	经常参与共生网络举办的会议	1	2	3	4	5

二、文化耦合						
变量	测试问题	分值				
目标文化	共生单元各方合作过程中有明确的目标	1	2	3	4	5
愿景文化	共生单元各方愿景一致性强	1	2	3	4	5
价值观文化	共生单元各方价值观念互补和兼容	1	2	3	4	5
	产学研共生网络各方领间的关系紧密	1	2	3	4	5
管理文化	共生单元各方的管理流程和管理制度契合	1	2	3	4	5
	合作项目中有明确的契约管理协议	1	2	3	4	5

三、背叛代价						
变量	测试问题	分值				
信誉代价	如果现在离开我的共生网络将很难再重新进入	1	2	3	4	5
利益代价	能够在该产学研共生网络中汲取养分并获得利益	1	2	3	4	5
	合作协议中对合作单位各方利益分配有明确的规定	1	2	3	4	5
	通过产学研耦合共生网络我方的技术竞争能力得到长足进步	1	2	3	4	5

四、锁定程度						
变量	测试问题	分值				
专用资产投资	我所在的部门为产学研耦合共生网络投入了较多的人力	1	2	3	4	5
	我所在的部门为该产学研耦合共生网络提供的高级职称人员占比比较高	1	2	3	4	5
	在产学研共生网络中投入较多资金（自给资金/政府补助/其他资金）	1	2	3	4	5
合作伙伴互补性	共生单元各方的数据库和软件彼此互补和兼容	1	2	3	4	5
	通过产学研合作我所在的部门掌握了大量的新技术和新知识	1	2	3	4	5

五、地理位置						
变量	测试问题	分值				
地理距离	产学研共生网络中我与对方地理位置距离较近	1	2	3	4	5

六、经济发展						
变量	测试问题	分值				
GDP	我所在的城市地区生产总值较高	1	2	3	4	5

附录2 产学研耦合共生网络稳定性实现路径调查问卷

尊敬的女士/先生：

您好！非常感谢您在百忙之中抽空填写此问卷。本问卷是有关"油气资源型城市产学研耦合共生网络稳定性的实现路径"方面的调查，主要包括两大部分：个人和单位基本信息和变量测量。本问卷主要是对相关问题进行打分，请在最符合您的观点的选项对应位置画"√"或在题目的相应位置直接写答案。

本问卷采用不记名的方式，请您根据实际情况作答。我们郑重承诺调查数据仅用于学术研究，绝不对外公开，调研结果也可与您共享。在此我们对您的真诚合作致以最衷心的感谢！

您是否有过产学研耦合共生网络的经历：□是　　□否

（如果选择"是"，则继续完成以下问题，如果选择"否"，则调研结束）

第一部分　个人和单位基本信息

1	您的性别：　□男　□女
2	您的岗位：
3	您的学历： □博士　□硕士　□本科　□大专 □其他

续表

4	您单位所处的地域： □东部　□西部　□南部　□北部 □中部
5	您的单位类型：　□高等院校　□科研机构　□企业
6	您所处行业类别： □生物技术　□采矿业　□精细化工　□制造业　□农、林、牧、渔业 □新能源　□软件和电子通信业　□电力、热力、燃气及水生产和供应业 □金融和资讯业　□建筑业　□交通运输、仓储和邮政业　□房地产业 □科学研究和技术服务业　□水利、环境和公共设施管理业　□其他行业
7	您所在单位员工人数： □300 人以下　□300 ~ 2000 人　□2000 人以上
8	您所在单位的规模（年销售额）： □3000 万元以下　□3000 万 ~ 3 亿元　□3 亿元以上

第二部分　变量测量

分值说明：5、4、3、2、1 的分值分别代表"非常同意""同意""不一定""不同意""非常不同意"五种回答。

一、主体特征						
变量	测试问题	分值				
资源耦合	产学研合作主体具有技术、设备、工艺及资金等互补性资源	1	2	3	4	5
目标耦合	产学研合作主体的目标具有兼容性，有共同愿景	1	2	3	4	5
知识耦合	产学研合作主体间知识的吸收和应用上实现兼容，产学研各方进行互补和互学，减少合作过程中的冲突和差异	1	2	3	4	5
文化耦合	产学研合作主体商业文化和科技文化融合增进彼此间信任感	1	2	3	4	5

二、协同创新						
变量	测试问题	分值				
最优同步	产学研合作主体的合作行为同步	1	2	3	4	5
信息互惠	产学研合作主体的高效沟通和信息共享	1	2	3	4	5
深度合作	产学研合作主体的合作持续更新	1	2	3	4	5

三、共生环境整合						
变量	测试问题	分值				
资源融合	产学研合作主体资源共享	1	2	3	4	5
利益协调	产学研合作主体积极处理利益的分配和协调问题	1	2	3	4	5
要素突破	产学研合作主体各种信息、设备、资金、物质等要素突破促进共生环境的整合	1	2	3	4	5

四、共生网络稳定性						
变量	测试问题	分值				
有机整体	产学研合作主体通过合作形成了协同创新共同体	1	2	3	4	5
成员满意	产学研合作主体对合作过程和利益分配满意	1	2	3	4	5
自身调节	产学研合作主体在合作过程中不断调整自身的发展目标、合作资源、知识体系和组织文化	1	2	3	4	5
持续合作	产学研合作主体的合作具有长期性和可持续性	1	2	3	4	5

附录3 产学研耦合共生网络稳定性协调机制调查问卷

尊敬的女士/先生：

您好！非常感谢您在百忙之中抽空填写此问卷。本问卷是有关"油气资源型城市产学研耦合共生网络稳定性协调机制"方面的调查，主要包括两大部分：个人和单位基本信息和变量测量。本问卷主要是对相关问题进行打分，请在最符合您的观点的选项对应位置划"√"或在题目的相应位置直接写答案。

本问卷采用不记名的方式，请您根据实际情况作答。我们郑重承诺调查数据仅用于学术研究，绝不对外公开，调研结果也可与您共享。在此我们对您的真诚合作致以最衷心的感谢！

您是否有过产学研耦合共生网络的经历：□是　□否

（如果选择"是"，则继续完成以下问题，如果选择"否"，则调研结束）

第一部分　个人和单位基本信息

1	您的性别：　□男　□女
2	您的岗位：
3	您的学历： □博士　□硕士　□本科　□大专 □其他

4	您单位所处的地域： □东部　□西部　□南部　□北部 □中部
5	您的单位类型：　□高等院校　□科研机构　□企业
6	您所处行业类别： □生物技术　□采矿业　□精细化工　□制造业　□农、林、牧、渔业 □新能源　□软件和电子通信业　□电力、热力、燃气及水生产和供应业 □金融和资讯业　□建筑业　□交通运输、仓储和邮政业　□房地产业 □科学研究和技术服务业　□水利、环境和公共设施管理业　□其他行业
7	您所在单位员工人数： □300 人以下　□300～2000 人　□2000 人以上
8	您所在单位的规模（年销售额）： □3000 万元以下　□3000 万～3 亿元　□3 亿元以上

第二部分　变量测量

分值说明：5、4、3、2、1 的分值分别代表"非常同意""同意""不一定""不同意""非常不同意"五种回答。

一、契约治理					
测试问题	分值				
产学研合作关系通过契约条款协调管理	1	2	3	4	5
契约内容能够保障产学研合作方共同利益	1	2	3	4	5
契约条款是约束产学研各方行为的有力工具	1	2	3	4	5
契约严格规定产学研各方的责任和义务	1	2	3	4	5

二、关系治理					
测试问题	分值				
产学研各方经常互派人员进行互动学习	1	2	3	4	5
产学研各主体间经常互通信息、交流心得	1	2	3	4	5
产学研各方彼此信任对方的实力和合作意愿	1	2	3	4	5
产学研各方保持正常规范的合作关系	1	2	3	4	5

三、油气资源型城市产学研耦合共生网络稳定性					
测试问题	分值				
产学研耦合共生网络是合作共赢的有机整体	1	2	3	4	5
产学研协同创新成果能够达到成员的满意	1	2	3	4	5
产学研主体能够调节合作中的矛盾和冲突	1	2	3	4	5
产学研各方愿意继续维持耦合共生网络关系	1	2	3	4	5